岩波現代文庫／学術 350

改訂版 なぜ意識は実在しないのか

永井 均

岩波書店

はじめに

われわれはたいてい、各人に心とか意識とか呼ばれるものがあって、それは主としてその人の脳の働きによって作り出されて、というような世界像を信じています。この後半を信じない人でさえ、前半は信じているでしょう。今回の連続講義では、そういう世界像をまずは打ち壊したい。しかし、ただ打ち壊すのではなく、それがどのようにして成立したのか、どうして成立しなければならなかったのか、その仕組みを明らかにしたいと思います。この世界像は作り物にすぎないということを示す、という意味ではたしかに打ち壊すのですが、その作り物がわれわれにとって不可欠で、かつわれわれにとっての「現実」を作り出している、ということもあわせて示したいのです。

というわけで、三回の講義内容は、テーゼの集まりという形で要約不可能な、ある種の弁証法的な構造を持つことになります。ここで弁証法的というのは、ある段階では肯定されていたテーゼが後の段階では否定されることになり、ある段階で否定されていたテーゼが後の段階では肯定されることになる、という意味です。しかも議論の展開は真理に向かって発展していくのではなく、むしろ虚構を「現実」として作り出し、しかもループします。それに応じて、使われている言葉の意味自体も変化することになります。

「ゾンビ」という概念を例にとって説明しましょう。「ゾンビ」とは、外面は人間とそっくりなのに、内的な意識がない生き物です。この講義の中で、議論の進展に応じて、「私はゾンビではなく、他人はゾンビである」という主張と、「ゾンビはそもそも概念的に不可能であるから、私も他人もゾンビではありえない」という主張と、「ゾンビは可能であり、私自身もまたゾンビでありうる」という主張が、いずれも必要不可欠な、疑う余地のない真理として、肯定的に主張されます。そのうえ、たとえば「私はゾンビではなく、他人はゾンビである」という肯定されるべき最初の主張にも、複数の異なる意味があることが明らかになり、したがってもちろん、「ゾンビは可能であり、私自身もまたゾンビでありうる」の方にも、同じことがいえることになります。そのような議論の進展の仕方自体が、「ゾンビ」概念を理解するために不可避で不可欠のものとして提示されるのです。「ゾンビ」は定義上「意識」の欠如者ですから、この議論はそのまま「意識」にあてはまることになります。

そうしたことを念頭に置いたうえで、ぜひ注意深くこの講義を読んでいただきたいと思います。語り方の拙さと随所に見られるであろう筆の(口の?)すべりを別にすれば、本書において表現された思想が真理であることは侵しがたく決定的である、と私は思っています。

講義内容は、二〇〇六年の夏、大阪大学文学部で、二〇〇七年の夏、新潟大学人文学部で、実際に行った集中講義に基づいています。大阪大学では、四日間の連続講義の後に短い講演を行っており、その模様は、左記の大阪大学文学部哲学・思想文化学の「ラジオ・メタフュシカ」によって、実際に聞くことができます。

http://www.let.osaka-u.ac.jp/philosophy/Radio/060810nagai.mp3

これは、役者がひどく下手くそである点を除けば、本書を「台本」として読まれる方にとって、実演の見本として役立つでしょう。もちろん、別の観点から語られた、かなり大雑把な論旨の要約としても、役立つはずです。

目 次

第2日　なぜわれわれはゾンビなのか

第3日　なぜ意識は志向的なのか

第1日

なぜ意識は哲学の問題なのか

心なんて一般的なものはない

心は、心の中でも特に「意識」と呼ばれるものは、じつは存在しません。これは、誰でも知っている自明のことです。——と、私がこのように言うと、たいていの人は目を白黒させます。職業的な哲学者で、こういう問題を特によく考えていそうな人でも、しかもその人が唯物論者で、心なんて物質の働きにすぎないなどと日ごろ主張している人でも、「でも自分自身の心、自分自身の意識は、やっぱり存在するでしょう」などと言いはじめて、私を驚かせます。そういう哲学者は、たいていの場合、心や意識の存在を前提したうえで、それが脳や神経などの物質的なものの働きにどのように関係しているかなどといった、つまらない話を続けて、私を心の底からがっかりさせます。

冒頭からまた減らず口をたたかせてもらえるなら、職業的な哲学者といっても哲学なんて本当はちっともやってないですよ。誰が作ったとも知れない、知らぬまにできてしまった出来合いのゲームのルールに乗っかって、それを前提にして、その内部で小技を磨いているだけですよ。そのゲームそのものがどうして成立しうるのか、どうして成立しなければならなかったのか、ということこそが問題なのに、そういうことはちっとも考えてない。

心とか意識とかいっても、じつは脳や神経が作り出していると、よくいわれますね。そういう、心と脳の関係がどうなっているかという問題を、もっと一般的にいえば、心的なものと物的なものの関係の問題を、心身問題というのですが、私には、この問題が――いいですか、問題がですよ――とても不思議なんです。どうしてそんな問題の立て方が可能なのか、どうしても理解できないのです。そして、どうしたらそんな問題の立て方が可能になるのかを、なんとか理解したいと思うのです。

問題ができあがった後で、どういう立場に立つかは、全然どうでもいいことだと思います。心身二元論だろうが、物的一元論(唯物論)だろうが、適当に、好きなのを選べばいい。その他の細かい違いはなおさらですが、それらに本質的な違いはありません。そもそも問題の成立を認めるかどうか、認めるとして、どのような筋道を経てそれが成立したとみなすか、これが哲学的に意味のあるすべてです。

だって、そうじゃないですか。心なんて一般的なものは見たこともないのに、なぜそんなものが一般的に——私にもあなたにも彼にも彼女にも——あると信じられてしまっているのか、それがまずは、問題じゃないですか。なんといってもそこがまず不思議じゃないですか。なぜそこに問題を感じないのでしょうか。そして次に、物とか物質って、そもそも何ですか？　脳だって結局は誰かに知覚されて脳だとわかるわけでしょ？　脳とそれが作り出す意識との関係が論じられる以前に、知覚される脳と物体としての脳との関係がまずは論じられなければならないのではないでしょうか。そういう問題がすっ飛ばされて、そのうえで心と脳(という物体)の関係はどうなっているか、なんて論じられたって、砂上の楼閣、空中戦、私には問いの意味そのものがわかりません。問いの意味そのものに到達することができません。

心なんて一般的なものは見たこともないと言いましたが、それはつまり、一般的なものではない、自分自身の心だけは見ている——というか感じている——ということではないか、と問われるかもしれません。しかし、そうではありません。私は、それぞれの人が感じている「一般的なものではない自分自身の心」という一般的なものも、見たことも感じたこともないのです。私が感じているのは私の心だけです。私はたしかにそれが存在すると思います。しかし「自分」なんて一般的なものの存在はまったく知りません。

そして、その私の心は、事例がその一つしかないのだから、一般的なものではなく、そしてその唯一の事例は、私のそれであって、私のそれでしかありえないのだから、私、といえばじゅうぶんではないでしょうか。の心、の方はいらないのではないでしょうか。つまり、心なんてどこにもないわけです。もちろん、この言い方は逆でもいいですよ。心、と言えばじゅうぶんで、私の、なんかいらない、と。どちらにしても、事例が一つしかないことは変わりません。だから、本当は「これ」としか言えないはずなんです。

それなのにどうして心なんて一般的なものがあると、誰もが信じているのか？　なんといってもそれこそが解明されるべき第一の問題でしょう。ここをすっ飛ばしてしまったら、心の哲学は哲学とはいえない。だから、ほとんどの心の哲学は哲学になってない。この問いの答えは、これから三回の講義の中にあります。この講義の内容に、というよりはむしろ、それが伝達される、ということの中に、と言った方がいいかもしれませんが……。

脳と意識の関係は他のどんな関係にも似ていない

しかし、ちょっと、話が先走ってしまいましたね。このような問題は、これからの講義の中で、おのずと解き明かされることになるはずなので、今度は話の順番を逆にして、世界の中に各人の心、各人の意識というものが実在していると考えるところから出発してみましょう。そう考えるなら、心とか意識とかがある種の物体によって担われているのは、たしかに不思議なことだといえるでしょう。なぜ脳のような特定の種類の物体に心や意識というまったく違う種類のものが宿るのでしょうか？　いや、そもそも物体に意識が宿るとか、物体が意識を生み出すとか、その他、関係の仕方はどうでもいいのですが、そういったことはいったいどういうことなのでしょうか？

脳が意識を生み出しているとしても、その脳をどんなによく観察しても、その脳がやっているその仕事は決して見えません。世の中の他のあらゆるものは、それをよくよく観察すれば、それが宿しているものや、それがやっている仕事が次第に明らかになってくるのに、ここにはそのような普通のつながりがまったくないのです。胃のやっている仕事は胃をよく観察すればわかるのに、脳がしている仕事は、そういうやり方では決してわかりません。脳がしている仕事を見るには、脳を観察しないで、脳自身に注意を向けないで、むしろ世界を見なければならない。目の前に見えている茶色いカーテン、耳に聞こえているエアコンのうなり声、噛んでいるキシリトール・ガムの味、それらがすなわち脳がしている仕事です。世界に、これ以外に、これと似た種類のことはどこにも生じていません。脳と意識の関係は、他のどんな関係にも似ていないのです。

他のどんなことにも似ていない！　そうなのです。そして、何にも似ていない事柄については、説明ということが成り立ちません。こういう場合には一般にこういうことが起こるものであって、これもその一例なのだ、ということが言えないからです。どうも人間はそういう状況がずいぶんと嫌いらしく、無理にでも何かに似せようとする傾向があります。たとえば、脳状態と意識の関係は放電現象と稲妻の関係のようなものなのだ、などと考えて、とにもかくにも世の中によくある関係の一例にすぎないとみなして自らを慰めたがるのです。

もちろん脳と意識の関係は、他の何にも似ていないのですから、この種の説明はナンセンスというほかはありません。問題にすべきことを問題にしていないという意味で、まさに問題外だといえるでしょう。

この問題は、たとえば石ころを観察していると、その中のいくつかのものは、動かすと熱くなって火を噴くことがわかった、というような問題に似ていると思われるかもしれません。「石ころ」を臓器の比喩ととって、脳という臓器だけが他の臓器とまったく違う反応をひき起こす、というふうに理解してもらってもかまいませんし、もっと広い意味で物体一般にかんする比喩として理解してもらってもかまいません。動くと燃え出す種類の石ころ(つまり脳にあたるわけですが)をくわしく観察しても、他のふつうの石ころと特に違うところはない。強いて言えばちょっと白っぽいとかぐらいしか違いがない、としましょう。心身問題は、通常はこのような不思議さの水準で理解されています。しかし、これはぜんぜん間違っている。本当の問題は、石ころの場合と違って、心身問題では、動くと発火することにあたることが決して観察できないことにあるのです。ですから、脳からだけ意識が生じるのはなぜか？という問題の定式化は、すでにして誤りです。だって、そんな「脳から生じる意識」なんてもの、どこにあるのですか？

いいですか。熱くなったり発火したりといった、みんなに見えることが起こるんじゃないんですよ。みんなに見える神秘の炎なんか存在しないんです。何が起こっているかわからないんですよ。それが問題なんですよ。

その意味では比喩はむしろ、こんなふうのものの方が正確です──各人がそれぞれ一つの箱を持っていて、その中に「ブトム」というものが入っている、とします。しかし、だれも他者のブトムそのものを見ることはできません。つまり、ブトムには私秘性がある。しかし、ブトムはみんなから見える外的な因果連関とつながってもいます。たとえば、誰かがその箱(「ブトム箱」と呼ばれる)に触れると、ブトムは「アブトムな」状態になるのですが、そのとき同時に、ブトム箱は一部が凹み、また、ブトム箱のミクロ物理的状態にも目に見えない変化が起きます。ブトム箱が強く打たれると、ブトムは「イブトムな」状態になるのですが、そのとき同時に、ブトム箱は全体が縮み、同時にまた別のミクロ物理的状態変化も起きる。つまり、自分にしか観察できない変化と同時に、外部から観察できる状態変化も一緒に起きるわけです。そして、外部から観察できる状態変化には二種類のものがあることになります。凹むとか縮むといった誰にでも見える形状変化と、ミクロ物理的変化という専門家にしかわからない状態変化の、二種類です。

もちろん、自分自身は「アブトムさ」や「イブトムさ」を直接知覚できるので、外部から観察可能な因果連関なしに、ブトムがなぜかアブトムになってしまったり、イブトムになってしまったら、そうなったとわかります。また、外から観察可能な二種類の連関の方も、それぞれ独立に起こることが可能です。たとえば、ブトムがアブトムになってもいないし、ブトム箱が凹んでもいないのに、ミクロ物理的変化だけが起こるとか、ブトムがアブトムになってもいないし、ミクロ物理的変化も起こっていないのに、ブトム箱が凹んでいるとか、……その他の組み合わせも、ぜんぶ起こることが可能です。

しかし、「ブトム」とは何であるか、その意味の理解は、少なくとも当初は、ブトム箱の、触れられる—凹む、打たれる—縮む、のつながりと関係づけられて導入されることになります。とりわけ、子どもが最初に大人から「アブトムな」や「イブトムな」の意味を——そして結局は「ブトム」の意味を——教えられるときもそうです。ミクロ物理的変化も、当人に見えるブトムそのものの状態も、どちらもここには関与してきません。だって、子どもに言葉を教えるとき、大人は、ブトム箱のミクロ物理的状態も、子どもに見えているブトムそのものの状態も、どちらも知らないのですから。子ども自身に自分のブトムがどう見えていようと、また、子どものブトム箱のミクロ物理的状態がどうなっていようと、箱が触れられて凹むときに子どもに見えているそのブトム状態がすなわち「アブトムな」状態で、箱が打たれて縮むときに子どもに見えているそのブトム状態がすなわち「イブトムな」状態なのです。それ以外の基準は、端的にないのですから。

しかし、もちろん、他の二つの側からの逆襲が到来します。

第一の逆襲は、子どもが少し大きくなったときにやってきます。子どもは、ブトム箱が触れられてもいないし凹んでもいないのに、なぜだかブトムがアブトムになってしまったら、そうなったとわかるようになるのです。打たれてもいないし縮んでもいないのに、なぜだかブトムがイブトムになってしまったら、そうなったとわかるようになるのです。

ここで、「ブトム」の比喩を比喩以前の実態に引き戻す必要が生じます。というのは、誰も他人のブトムを見ることはできないけど、自分のブトムがアブトムな状態やイブトムな状態になったときには自分のその状態変化だけは直接「見る」ことができるという想定では、その見えたものを外界の共通に見えるものと比較して描写することが可能になってしまうからです。たとえば、「ブトムってまん丸の食パンみたいだね」とかなんとか。本当は、それさえ不可能なのですよ。それこそが問題の根本なのです。だって、そうでしょう。私は、私の感じる「痛み」や「酸っぱさ」や「不安」や「憂鬱」を、みんなが共通に体験できるものと比較して描写することなんかできませんから。たとえば「酸っぱさ」は、ちょうどブトム箱が触れたとき凹むのと同様に、梅干や夏みかんを食べたときに酸っぱそうな顔をすることでしか、みんなと共通の世界とつながっていません。私は私の感じる酸っぱさそのものを、みんなと共通に知覚できるものとの類似性などによって説明することはできないのです。

そして、それにもかかわらず、われわれにはこの第一の逆襲が可能なのです。つまり、何も酸っぱいものを食べていないのに、なぜだか口腔全体に酸っぱさが広がる(にもかかわらず苦い表情にしかならない)としたら、そうなったとわかる、ということです。そうなったとわかるの「そう」の内容を、人に説明することはできないにもかかわらず、です。(人に説明しようとすれば、梅干や夏みかんを食べたときに感じる感じで、ふつうはこんな表情になる、と演じてみせるしかありません。どちらもう成立していないのに、です。)

この第一の逆襲——すなわち感覚の認知の自立——は決定的に重要です。なぜなら、この逆襲の可能性こそが、痛みや酸っぱさや不安や憂鬱を、「感じられるもの」に、つまり「感覚」や「感情」に、しているからです。

次回以降の講義のために、ここであらかじめ新しい用語を導入しておきます。酸っぱさの例でいえば、梅干や夏みかんを食べたときに酸っぱそうな顔をするとき感じているとされるものを、酸っぱさの「第一次内包」と呼びます。第一の逆襲をへて、何も酸っぱいものを食べていなくても、なぜだか酸っぱく感じられることが可能になった段階の酸っぱさの感覚そのものを、酸っぱさの「第〇《ゼロ》次内包」と呼びます。第一の逆襲をへて〇に戻るところがミソです。次に、第二の逆襲が起こると「第二次内包」が導入されるのですが、その中身は後で説明します。

ところで、この第一の逆襲は成功しないのではないか、と思われるかもしれません。このことは、痛みや酸っぱさや不安や憂鬱などではなく、そういう種類の私秘性のない、たとえば左右などで考えたほうがむしろわかりやすいでしょう。左右の区別を覚えたばかりの子どもは、ふつうその区別を他人に適用することができません。「左手を上げてごらん」という命令にはたやすく従えても、「お父さんの左手にさわってごらん」という命令にはたやすく従うことができない段階があるのです。第一次内包によって言葉を学んだはずなのに、第〇次内包しか、つかんでいない段階があるわけです。当然、「私」(「あたし」や「ぼく」など)にもその段階があるでしょう。では、その段階の子どもは左右概念をまだ把握していないのでしょうか？　そんなことはありません。ちゃんと使えるのですから。しかし、左右概念を教える側の人は、その子のような段階を超えた左右把握の段階にすでに立っていなければなりませんし、また、その子の発言(たとえば、「左足が痛いよ」といったような発言ですよ)を理解する立場の人もそうです。その子は「左足が痛い」というふうに「左」や「右」という語を立派に使えるわけですから、すでに左右概念を習得しているとも言えるのですが、しかし、それはつねに解釈者によって補完されているからであって、その子のような人々だけからなる世界では、左右概念はそもそも通用しません。

「痛み」や「酸っぱさ」だって同じことでしょう。コミュニケーションにおいては、第〇次内包がそれだけで完結していることはありえないのです。しかし、それはじつは第一次内包にかんしてもいえることです。第一次内包は、あらかじめ第〇次内包を包み込んで、それを補完している、とも言えますが、逆に、第〇次内包が、あらかじめ第一次内包を裏打ちして、それを補完している、とも言えるのです。(ついでに言えば、「独我論」の論としての伝達可能性でさえ、その補完を前提にしています。と言っても、補完した後ですぐにその補完体制を捨てないと趣旨が伝わらないのですが、この点については、第三回の講義で「私」の第〇次内包について論じるときに思い出してください。)

第二の逆襲は、物理的状態の側からの逆襲です。水の本体はじつはH_2Oで、あの水っぽさは、その本体がたまたま持つ性質にすぎない、と判明したり、熱の本体はじつは分子運動で、われわれが感じるあの熱さは、その本体がたまたま持つ性質にすぎないと判明する、といったことが起こりえます。(そうすると、まったく水のように見えても、H_2Oではないがゆえに、じつは水ではないものとか、逆に、水のように見えなくても――鉄のように見えても――H_2Oであるがゆえに、じつは水であるといったことが、可能になるでしょう。)それと同じように、アブトムさやイブトムさの本体は、じつは箱のミクロ物理的状態変化で、それがたまたまあのようにアブトムさやイブトムさを伴っているのだとわかる、ということも起こりえます。

いや、実を言えば、起こりうるどころか、必ず起こるとさえ言えます。どうしてかと言えば、その最も根本的な理由は……、われわれは世界を、われわれなしに完結したものとして捉えたいという根本衝動を持っている、からなのです。これは、まあ、認識という理念からの必然的帰結だといえますね。われわれは世界を認識する存在ですが、まさにそうであることによって、世界のあり方それ自体は、われわれの認識の仕方から切り離されていなければならないのです。熱をあのような熱さの感覚として感じる生き物なんかいなくたって、熱それ自体は、そんな偶然的事情とは関係なく存在して、それがたまたまわれわれにはあのように感じられる、のでなければならない。同様に、酸っぱさがあのような感じに感じられるか、感じられないかに関係なく、酸っぱさの本体そのものは、そんな偶然的事情とは関係なく、それ自体として存在して、それがたまたまわれわれにあのように感じられる、のでなければならないのです。その方向に向かうことがわれわれの知的探究の基本なので、真理の探究は必然的にその方向に設定されているわけです。

ひとこと余計なことを言いますが、椅子や本棚や野球や憲法や独身者のようなものには、そのような探究の可能性はありません。したがってその本質が後から発見される可能性もありません。それらは人工の事物なので、それらが何であるか、つまりその本質は、はじめからわれわれ人間の手の中にあるからです。専門用語を使うなら、アプリオリ性と必然性が乖離する可能性がない、と言ってもいいでしょう。ただし、人間という動物が座るという行動をとることとの生物学的本性を探究した結果、ある種の椅子はじつは椅子ではなく、椅子ではないと思われてきたもの(たとえば吊り革)がじつは椅子であるとわかる、ということは不可能とはいえません。人間も完全に自己統御的な生き物ではなく自然の一部である以上、この種の探究は常に可能なので、野球や憲法はともあれ、たとえばある種のイデオロギー、フェミニズムやリバタリアニズムのようなものにかんしても、このような種類の本質解明がなされる可能性はあるはずです。フェミニズムやリバタリアニズムに、フェミニストやリバタリアンが知らない真の意味がありうるわけです。

さらにひとこと蛇足を付け加えておきますと、このことによって、たとえば「独身者は結婚していない」といったいわゆる分析的真理が反証される可能性もあります。しかもそれは、何らかの偶然的な事情によって「独身」という語の使われ方が変化しうるから、といったチャチな話ではなく、制度的概念としての「独身」の自然的本質が後から明らかになりうる——独身のような制度的事実にも自然的基盤がありうるから——といったより深い水準の話なのです。

さて、話を本題に戻しましょう。この逆襲が成功した暁には、酸っぱいものを食べていないのに、口が酸っぱさで満たされてしまったように感じた人の感覚は、神経や脳の調査によって、「錯覚」であると認定されることが可能になります。どんなに痛く感じられても、大脳皮質感覚野の異常によるもので、神経末端に痛みの正常な原因はなく、C線維もAδ線維も興奮していないのであれば、それは痛みの錯覚なのであって、じつは「痛く」ない、といえる。逆に、神経末端に正常な原因があって、C線維とAδ線維が興奮していれば、たとえば大脳皮質に異常があって何も感じなくても、じつは「痛い」、ということがありうることになります。

この第二の逆襲もまた決定的に重要です。なぜなら、この逆襲の可能性こそが、痛みや酸っぱさのような心的なものを、客観的存在者として共通世界の中に位置づけるからです。神経末端から発せられた信号が、神経線維を通じて脊髄後角を経由して大脳皮質感覚野と視床に伝えられるプロセスは、客観的空間の中に位置づけられた公的プロセスで、原理的には誰からも観察可能な客観性を持つことが決定的に重要なのです。それを媒介にすることによって、痛みの「治療」がはじめて可能になるのです！

しかし、この第二の逆襲は成功しないのではないか、という疑問がすぐに思い浮かぶと思います。理由は簡単で、なんとか線維がどうなっていようと、痛く感じられれば痛いし、痛く感じられなければ痛くないのだから、どうしたって、その痛さの感覚そのものを無視することはできないのではないか、と思われるからです。これはその通りです。それはつまり、この第二の逆襲に対しても、もういちど第一の逆襲が反復可能だということなのです。

熱の正体が分子運動であることが判明して、熱く感じられても分子運動が生じていなければ熱は存在しないことになったとしても、そして、熱く感じられなくても分子運動が生じていれば熱が存在することになったとしても、それでもなお、熱（＝分子運動）と独立に捉えることができる熱さの感覚そのものは、依然として健在です。それが健在でなければ、そもそも「それの正体がじつは分子運動であると判明した当のもの」がなくなってしまいますから。「熱」の意味が「分子運動」に乗っ取られてしまったら、「熱（＝分子運動）はじつは分子運動ではなかった」と判明する可能性はもはやありえませんが、今度は「熱さを引き起こすものは熱（＝分子運動）ではなかった」と判明する可能性が残り続けることになるのです。痛みや酸っぱさや不安や憂鬱にかんしても同じです。そうでなければ「それの正体がじつはC線維の興奮であると判明した当のもの」がなくなってしまいますからね。正体がどう判明しようと、そう判明する当のものは、依然としてその正体とは独立に捉えられるものとして、いつまでも残り続けなければならないのです。

いや、いつまでも残り続けるどころではありません。そもそも痛みや酸っぱさや不安や憂鬱のような心的なものは、感じる主体にとってどう現われるかこそがその本質なのですから、それの正体や本体は、どこまでもそれ（＝感じる主体への現われ）とは別のものでしかありえないのです。定義上現われ（＝見かけ）でなければならないもの、つまり定義上正体や本体ではありえないものは、正体や本体が判明しても、いわば定義上びくともしないわけです。そして、そのような仕方でびくともしないものが存在しうることは、そのようなびくともしなさによって成り立っている主体（つまりわれわれ意識主体）が存在するという前提と表裏一体なのです。われわれが探究し、その正体を明らかにしようとしている、われわれとは独立の客観的世界が存在する、という想定がいかに堅固だとしても、いやそうであればなおさら、われわれがわれわれに現われる現象そのものをそれの正体や本体の把握とは独立につかまえられるという前提もまた、それと切り離すことができない前提を構成するわけです。

しかし、これはとても不思議な状況ではないでしょうか。だってそうでしょう？　痛みや酸っぱさや不安や憂鬱のような心的なものは、感じる主体にとってどう現われるかこそが本質である(だからその正体や本体は本質的でない)、なんていくら言ってみても、実のところは、われわれは誰も他人にそれがどう「現われ」ているかを知らないのですよ。いや、そもそも「現われ」が存在するかどうかさえ、知らないのです。酸っぱさの正体や本体そのものとは独立に、われわれには酸っぱさが「あのように」感じられるという事実があるではないか、といくら力説してみても、そもそも「われわれ」が感じる「あのように」とは「どのように」なのか、じつは誰も知らないのです。いや、そもそも「われわれ」みんなが共通に感じる「あのように」の「あの」なんてないかもしれない、少なくともあるかないかたしかめる手段はないのです。

だから、つまり、ブトムの変化は石ころの変化とは根本的に違うものなのですよ。アブトムさとはじつはあるミクロ物理的状態のことなのだ、と言われても、そのように言われるときの一般的な「アブトムさ」そのものを、われわれは知りません。だから、何がじつはミクロ物理的状態なのか、それがそもそもわからないのです。その事実を組み込んだうえで、互いに逆襲しあう、あの三者の競合状況が成立していたのでした。三者とは、外的な振舞いに現われる因果連関、そのとき自分に直接「現われ」て感じられる「あの」感覚、そしてそのときその人の物理的身体の内部に起こっているはずの物理的内部状態、の三者です。ですから、このような競合状況は、ほかに類似の事例というものがありません。世界に、これ以外に、これと似た種類のことは、どこにも起こっていません。何にも似ていないこの状況を何に似せるかに、哲学的な争いが生じているわけです。先ほど挙げた稲妻と放電現象や、その後に出した水とH_2Oの例は、自分だけに直接感じられている感覚が稲妻や水のようなみんなに観察できるものと同一視されているために、あまり上出来とはいえない類比になっています。知的ゲームとしての哲学の面白味の一つに、通常気づかれていない類比を発見することがあります。たとえば杉良太郎と近藤真彦がじつはよく似ているというような。誰もどちらも知らない？

時間との類比を試みてみよう

で、こういう類比はどうでしょう？　心や意識のあり方を、時間のあり方と比較してみるのです。自分に直接現われている感覚や意識を現在の出来事に、他者による振舞いの認知を現在の出来事の通時的な記録に、身体内のその物理的基盤を(過去・現在・未来といった時間様相を度外視した)無時間的事実に、それぞれ類比することができます。現在の出来事は、自分にだけ直接体験できる出来事ではありませんが、それと類比的に、その時点においてだけ直接体験できる出来事だからです(ただし、自己と他者の場合と違って、現在と過去には、記憶という直接的紐帯が存在する点が違っていますが)。そうすると、その記憶を含めて、かつて現在だった出来事を新しい現在に伝えるすべてが、自己と他者の間をつなぐ場合の外的な振舞いに対応することになりますし、そうした間主観的連関とも主観的認知とも無関係の物理的事実が、過去・現在・未来といった時間様相とは無関係な客観的出来事連関に対応することになります。

私は、他のどの類比よりも、この類比が正鵠を射ていると考えます。そして、この類比を取ることによって、そこに次の二つの問題が隠れていることが明らかになるのです。

まず第一に。過去とか未来とか言っても、結局のところは、それらはすべて現在における記憶か現在における予測でしかないし、無時間的事実とか言っても、結局のところは、現在においてそう思われている事実でしかないのではないか。過去そのものとか、未来そのものとか、無時間的事実そのものなんて、端的に存在しないではないか。——と、そう考えることができるのです。いや、そう主張しているんじゃないですよ。ただ、そう考えることもできる、できるようになっている、と言っているのです。そう考えることもできるようになっているという事実は、きわめて重大な意味を持ちます。

いま取っている類比関係において、これは何を意味するでしょうか。それはつまり、外的に現われる振舞いとか身体内部の物理化学的状態とか言っても、すべて誰かが見てそうとわかるもの、つまり誰かの感覚による知覚ではないか、ということです。実際そうも言えるでしょう。人が夏みかんを食べて酸っぱそうにしているさまだって、誰かに見られなければそうだとわかりませんし、そのときの神経や脳の状態だって、どういう状態なのかは誰かが見て知るしかないのですから。「ブトム」の比喩で言えば、すべてが「ブトム」の中に入ってしまうと考えたらいいでしょう。「ブトム」の比喩の本質は、じつはそこにあります。誰も他人が持っている「ブトム」の内容を見ることはできないけれど、自分の「ブトム」がアブトムな状態やイブトムな状態になったときは、自分のその状態変化だけを直接「見る」ことができるという想定では、その見えたものを外界の共通に見えるものと比較して描写することが可能になってしまう。と、先ほど私はそう言いました。しかし、その「外界の共通に見えるもの」もまた、じつは「ブトム」の内部にあるので、じつは共通には見えていないのです。「ブトム箱が触れられると凹む」のが見えるということはじつは「ウブトムな」ことで、そのときミクロ物理的変化が観察されることは「エブトムな」ことでありうるわけです。私は私の感じる「痛み」や「酸っぱさ」や「不安」や「憂鬱」をみんな共通に体験できるものと比較して描写することができないのと同様に、私の見る「家」や「空」や「酸っぱい顔」や「他人の脳の物理的状態」を、みんな共通に体験できるものと比較して描写することなどできていないことになります。なぜなら、みんなが共通に体験できるものなんか、じつはないからです。

これは、単純に言って、すべては心の中にある、という考え方です。（しかも、他人の心の中のことは誰にもわからない、そもそもそんなものが存在するかどうかさえわからない、ということを前提にしたうえで、そう言われているわけです。）しかし、ある意味では、これは単純に真実なのではないでしょうか。すべての「外界」の事実は、誰かに知覚される以外に知られる手段はないのですから。とはいえしかし、ふつうわれわれは、他人の感じる「痛み」や「酸っぱさ」や「不安」や「憂鬱」は感じられないとは言っても、他人の見る「家」や「空」や「酸っぱい顔」や「他人の脳」は見えないとは言いません。これはどうしてなのでしょうか？　そこにはどういう違いがあるのでしょうか。

中間的な例として、まずは色で考えてみましょう。われわれは他人の見ている赤や緑を見ることはできませんが、それでも他人と共通の仕方で赤と緑を識別して生活しています。赤と緑の二冊の本があるとき、「赤い方の本を取ってくれ」という要求は、要求された側にその「赤」がどのように見えているかに関係なく、ちゃんと通じます。赤と緑が正しく識別されていさえすれば、それだけでいいのです。一般にわれわれは、夕焼けや消防自動車や血やトマトの「あの」色が「赤」だと教えられ、木の葉や草の「あの」色が「緑」だと教えられました。それらを教えられたとき、教えた大人には、子どもにその色がどう見えているかは見えていません。見えている色そのものは関係ないのです。（これは、先ほどの「酸っぱい」という語の習得の場合とまったく同じです。）夕焼けや消防自動車や血やトマトの間に相互に類似したある性質を認め、木の葉や草などの間にも相互に類似したある性質を認める、そして、その二つの性質は、同じ種類の性質ではあるが相互に似てはいない――このことが共通に認知されていれば、「赤」と「緑」をめぐるコミュニケーションは成り立ちます。赤緑色覚異常の人は、その識別ができないので、そこに機能障害があるわけです。

これに対して、赤緑色覚逆転の人には、いかなる機能障害もありません。赤緑色覚逆転の人とは、木の葉や草が赤く見え、夕焼けや消防自動車や血やトマトが緑に見える人です。そんな人がいるのかって？　いるかどうか、決してわかりません。関係する科学がどれほど進歩しても、それがわかるようにはならないのです。関係する科学が進歩するとは、つまり、先ほどの第二の逆襲が進展することですから、これは明らかでしょう。私が私の脳に別の人の脳から神経をつないで、その人の見ている緑色を見ようとしても、酸っぱさを味わおうとしても、見たり味わったりできるのは、ふたたび私の色や味で、その人の色や味ではありません。つまり、私の感じている色や味が、その人の感じているものと一致するかどうかは、どこまでも決してたしかめられないわけです。いや、この領域では、そもそもそういう一致とか不一致といったことは、原理的に成り立っていないのです。それが他者が存在するということの真の意味です。このことは、後の講義でさらにくわしく論じる予定です。

第二の逆襲を超えて、さらに第一の逆襲が起こる手前の段階に戻るというのが、この問題のさしあたっての解決策です。さしあたってであるにもかかわらず、おそらくは、それ以外の解決策は、結局はないのですが……。

つまり……、われわれは夕焼けや消防自動車や血やトマトの色が「赤」だと教えられ、木の葉や草の色が「緑」だと教えられるのですから、そして、教えられるとき、その子どもにその色がどう見えているかは考慮に入れられていないのですから、夕焼けや消防自動車や血やトマトの色がすなわち「赤」で、木の葉や草の色がすなわち「緑」なのです。その子どもにその色がどう見えているかは関係ありません。「酸っぱい」の場合もまったく同じです。

もちろん、大人になってからなら、なぜだか夕焼けや消防自動車や血やトマトが緑に、木の葉や草が赤く見えるようになってしまった、と訴えることはできます。また、右目と左目で逆転しても、医師にそう訴える権利があります。そういう逆転は、たしかにありうるのです。それにもかかわらず、言語を習う段階の子どもには、そういう逆転の可能性はまったくないのです。それが言語習得の出発点だからです。その意味では赤緑色覚逆転の人は決していません。クオリアの逆転は不可能です。それなのに、われわれは、やはりクオリアが存在すると、つまり、自分が人知れず感じている赤さそのもの、酸っぱさそのものが——なんの機能も演じていなくても——やはりある、と感じていますね。それはなぜでしょうか？　これがこの連続講義の中心テーマです。

　ここで、さしあたって、直接に感じることと他から識別することとを、区別しておきましょう。識別することが機能なら、直接に感じることは実質です。識別することが知覚なら、直接に感じることは感覚だと言ってもいい。識別することが「心理的な働き」なら、直接に感じることは「現象的な事実」だとも言える。後者にかんしては、そのなまなましい質感に注目するときには「クオリア」と言われたりもしますし、単に「体験」という語で指されることもあります。また、識別することが「心」の働きなら、直接に感じることは「意識」の事実だと言ってもいいでしょう。

　最初の二つの区別を使って表現するなら、感じられる「痛み」や「酸っぱさ」や「不安」や「憂鬱」は、感覚的・実質的要素こそが本質的な役割を演じており、見られる「家」や「空」や「酸っぱい顔」や「他人の脳」の場合は、逆に知覚的・機能的要素が本質的であって、感覚的・実質的要素は(もちろん存在するでしょうけど)本質的な役割を演じていない、ということになります。それが本質的な違いだったわけです。そして、この最後の「心」と「意識」の区別を使って表現するなら、この連続講義のテーマは「心は実在するか？」ではなく、「意識は実在するか？」なのです。

ところで、ここまでの議論は、心や意識の類比を時間に求めたところから始まったのでした。そこで私は、自分自身に直接現われている意識事実を現在の出来事に、振舞いに現われる因果連関を現在の出来事の通時的な記録に、身体内のその物理的基盤を(過去・現在・未来といった時間様相を度外視した)無時間的事実に、それぞれ類比しましたね。だとすると、自分にだけ直接体験されるものの言語表現にかんして、これまで論じられてきたことを踏まえると、類比を逆にたどって、その時点においてだけ直接体験されるものについて、同じことが言えるはずです。すなわち、夕焼けや消防自動車や血やトマトの色がすなわち「赤」で、木の葉や草の色がすなわち「緑」であって、子どもにその色がどう見えているかは関与していなかったのと同様に、すべての現在体験の意味理解は、本質的に時制貫通的であって、現在体験の固有の特徴はそこに関与してこないということです。これはつまり、「酸っぱさ」の意味構成には、

「いま現に酸っぱい」という現在性は本質的な役割を果たすことができない、「酸っぱかった」と「酸っぱいだろう」とに共通の内容しか本質的な役割を果たせない、ということです。われわれは他者から言葉を習わざるをえないのと同様、記憶から言葉を習わざるをえないのですから、これはまあ当然のことだとも言えるでしょう。

さきほど、私は、この類比が他のどんな類比よりも的を射ていると思うと言ったとき、「この類比を取ることによって、そこに二つの問題が隠れていることが明らかになる」と言ったのを覚えていますか？　で、第一番目の問題は、過去とか未来とか言っても現在における記憶や予測でしかない云々、という話だったわけで、その話がここまで長引いてしまったわけです。その結果、心と意識の区別にたどり着くことができましたが、「自分」が人知れず感じているはずの「意識」とはいかなるものかについては、まだまったくの謎のままなのです。この謎の正体を明らかにするのは、これからの課題です。

時間との類比はもう一つあって、この方がより重要である

さて、では隠れている第二番目の問題は何でしょうか。それは、「現在」という概

念にはじつは二つの意味がある、というところから出てくる問題です。いま私は、「酸っぱさ」の意味構成には「いま現に酸っぱい」という現在性は本質的な役割を果たさない、と言いましたが、しかし、問題は……、この「現在」とはいつでしょうか？　「いま現に」とはどういう意味なのでしょうか？　それは「この今だけ」という意味でしょうか？　それとも「そのつどその時点において」という意味でしょうか？

「現在」には二つの意味があるのです。一つの意味では、現在は唯一です。それは、現にここに一つあるだけです。もちろん、過去のどの時点にも、未来のどの時点にも、その時の現在があったし、あるでしょうけど、それは本当の現在ではありません。本当の現在は、現にいま、ここにあるだけです。ある意味で、これはまったく自明なことではないでしょうか。ところが、もう一つの意味では、現在はどの時点にもありま す。その時点に反省的な意識を持った主体が存在していれば、そいつが意識するその時点がすなわち現在です。ですから、唯一の本当の現在というものはありません。それぞれにおいて「唯一の本当の現在」が、つまり複数の唯一性！があるだけです。そとすると、われわれが「今はもう二一世紀だ」と言うのは、われわれが二一世紀にいるからにすぎないわけです。それは、一六世紀の人が「今は一六世紀だ」と言い、二四世紀の人が「今は二四世紀だ」と言うのと、まったく対等であることになります。これも、ある意味では、まったく自明なことではないでしょうか。

　後者は自明ではない、と感じる人がいるかもしれません。それぞれの時点に存在する反省的な主体が、自分が置かれているその時点を意識するその時が、すなわち現在である。――と言われても、現にそれをしているのは、この時点だけであって、「現にそれをしている」という要素を入れれば、どうしたって唯一の本当の現在が現にここにあることになる、と。そして、現在というような問題にかんしてはその「現に」という要素が必要不可欠なものではないか、と。ところがしかし、一六世紀の人も、二四世紀の人も、その「現に」という言葉を使って、まったく同じことを主張できるのです。そうすると、どんなに言葉を重ねても、これこそが唯一の本当の現在であることを表現することは不可能になります。

　ここには、言語で表現されることによって成立した言語的世界と言語では表現できない前言語的世界との対立が鮮やかに現われています。意外に思われるかもしれませんが、「意識」の謎の根源も、じつはこの対立の内にあるのです。もしこの問題がからまなければ、意識に特別不思議なところはありません。私は、この連続講義において、そのことを明らかにしたいのです。

さて、「現在」は「自分」の時間的な類比として導入されたのでした。「自分」にだけ直接に現われている感覚や意識を、「現在」の出来事に類比することができる、と考えたのでした。そういう場合の「自分」にも、いま述べた「現在」の場合と同じ問題が生じます。つまり、「自分」にも二つの意味があるのです。ある意味では、自分は一人しかいません。それは、現にここに一人いるだけです。この意味での「自分」は「私」と言った方がはっきりするでしょう。もちろん、他人たちもみな、自分は「私」だと言い張るでしょうけど、それは本当の私ではありません。他人たちは、「私」とは私のことなのだと言うかもしれませんが、それは他人の「私」にすぎません。本当の私は、ここにいるこの私だけです。「現在」の場合と同様、ある意味でこれはまったく自明なことなのですが、この言い方は、「現在」の場合よりもいっそう、われわれの住んでいる言語的世界のあり方に抵触しますね。その理由については、後で考えます。

もう一つの意味では、誰もが自分です。そこに反省的な機能を持ったものが存在していれば、反省的におのれを意識するそいつがすなわち自分です。ですから、もちろん唯一の特別の自分などというものは存在しません。各主体において「唯一の特別の自分」が、つまり複数の唯一性！が存在するわけです。となると、私が問う「なぜ私は永井均なのか？」という問いの、ただ一つの正当な答えは、「それを問うたのが永井均だからだ」ということになります。われわれが問う「なぜ今は二一世紀なのか」という問いの唯一の正当な答えが「それは、その問いが二一世紀に問われたからだ」ということになるのと同様です。まったく対等に、一六世紀に問われたなら「一六世紀に問われたからだ」になり、二四世紀に問われたなら「二四世紀に問われたからだ」となるので、特別に現実の「現在」は存在しないことになります。これに対応する意味での「自分」は、先ほどの「私」に対して、むしろ「当人」と言った方がはっきりするのではないでしょうか。つまり、「自分」には「私」と「当人」の二つの意味があるのです。

　ここでもまた、反省的な機能を持ったものが反省的におのれを捉えればそれがすなわち自分だと言っても、現にそれをしているのは、この私だけであって、「現にそれをしている」という要素を入れれば、どうしたって唯一の本当の自己が現にここにあることになる、と言い張ることは可能です。そして、自分というような問題にかんしてはその「現に」という要素こそが必要不可欠なものではないか、と。ところがしかし、誰もがその「現に」という言葉を使って、まったく同じことを主張できるので、これこそが唯一の本当の自分であるということを表現することは結局は不可能になります。

ここにも、言語で表現されることによって成立した言語的世界と言語では表現できない前言語的世界との対立が鮮やかに現われているのですが、「現在」や「今」の場合よりも、対立を言語で表現するのがより困難に見えます。その理由は簡単です。現在のわれわれは、過去や未来の人たちと話し合うことができませんが、いつの時点の私も、他の人々と話し合うことができるからです。(自分の内部では、記憶という強力な貫時間的伝達手段が与えられており、まさにそれが「自分」を成立させるのですが、それでも「話し合う」ことはできません。) ですから、真の現在はここにあるだけだ、と現在のわれわれが言い張っても、誰からも反論されません。その意味では、この主張は万人からの公共的賛同をえられるわけです。(といっても、別の意味では、今は反論されない、という自明のことにすぎなくなるのですが。) それに対して、真の自己はこの私だけだ、と私が言えば、他のすべての人がその場で反論することができます。つまり、原理的に誰からも賛同がえられないのです。（といっても、別の意味では、私の外からは賛同されない、という自明のことにすぎないのですが。）すなわち、言語的世界と前言語的世界との対立の、言語で表現できなさの程度が高いように見えるのです。

しかし、言語というものを、本質的に、人と話し合うためのものとしてではなく、自分に何かを伝えるためのものとして、つまり本質的に日記をつけるためのものとしてとらえれば、形勢はきれいに逆転します。真の現在はここにあるだけだ、と現在の私が日記に（ある日付の下に）書けば、日記を読むどの時点の私もそれに賛成できません。その意味では、この主張は誰からも賛同をえられません。これに対して、真の自己はこの私だけだ、と私が日記に書けば、どの時点の私もそれに賛同できます。つまり、原理的に誰からも反対されないのです。

言語にとってどちらが本質的であるかは、いま論じようとしている問題にとっては間接的な関係しかありませんが、それ自体としては重要なので、ひとこと言っておきます。言語は、導入時には他者から伝授されますから、他者とのコミュニケーションこそが無くてはならないものですが、しかし、その後はむしろ逆転が生じて、自分自身に何かを伝える手段であることの方が、言語にとって不可欠なものに転じ、そちらが自立可能になります。この逆転はきわめて重要な出来事で、さっき論じた、赤が緑に見えるようになった「と思う」とか、酸っぱさが苦く感じられるようになった「と思う」といったことが自己内部で可能になるのは、この逆転と自立の成果であるともいえます。

知っている人も多いと思うので付け加えておきますが(知らない人はこの話は無視してください)、ウィトゲンシュタインという哲学者は「私的言語」というものが可能か否かを論じて、不可能であるという結論を出したのですが、あの議論ははっきりと誤りで、私的言語が可能でなければ言語は不可能です。私的言語の可能性が言語にとって不可欠なものに転じることによって言語は完成するのですが、ただそうであるということを通常の公的言語で語ろうとすると、そのこと自体は公的言語の意味の働き方に乗らなければ語れないので、言わんとすることが言えない——言わんとしていることとは別の「正しい」ことが言われてしまう——ということが起こるのです。この問題は、ある面では、いま論じている「現在」や「自己」にかんして起こっている問題と同型になるのですが、そのことを話していると話がどんどん膨らんで、さらにもっと込み入ってしまうので、それはやめて、いま論じている問題そのものに戻ります。

さて、この第二番目の問題にかんして注意してもらいたいことは、この問題は、過去や未来なんか本当にあったのか、あるのか、わからないじゃないか、とか、他人の自我や自己意識なんて本当にあるかどうかわからないじゃないか、といった問題とは関係ない、という点です。それは、むしろ第一番目の方の問題でした。これを混同してしまうと、すべては元の木阿弥です。過去も未来も、他人の自我や自己意識も、問題なくちゃんとあってていいのです。それでも、それとは独立の問題がある。まずはそこをしっかりつかんで欲しいのです。で、そのうえで、それにもかかわらず、第一番目の問題はじつはこの第二番目の問題からしか派生しないのではないか、と疑うことはできます。この疑いはこの連続講義の中心テーマに関係しています。というか、テーマそのものであるともいえます。

40 「自分」とは誰か——「私」vs「当人」

で、本当にいま論じている問題そのものに戻ります。われわれの議論は、意識の不思議を不思議な石ころ——動かすと熱くなって火を噴くような——との類比で理解することを否定することから出発しましたね。心身問題では、この不思議な石ころの場合と違って、動かすと発火することにあたることが共通に観察できないことが問題なのだ、と。だから、なぜ脳からだけ意識が生じるのかという問題の定式化はすでにして誤りなのでした。熱くなったり発火したりといった、みんなにわかるような不思議なことが起こるのではなくて、むしろ何が起こっているかわからないということが不思議なことなんです。それで、「ブトム」との類比を採用してみたわけです。他人が持っているそれを見ることは誰にもできない。しかし、自分の「アブトムさ」や「イブトムさ」は直接認知できるので、外的な因果連関がなくても、なんだかアブトムになってしまったりイブトムになってしまったら、そうなったとわかるという想定でした。

さてところで、その「自分」とは誰でしょうか？　ここにいま論じてきた二義性があることは容易に見て取れます。それは「当人」でしょうか。それとも「私」でしょうか。もし「当人」だとすれば、なんだかアブトムになってしまったりイブトムになってしまったら、そうなったと「当人」にはわかる、ということを私が認めていたとしても、その「アブトムさ」や「イブトムさ」そのものがどういうものなのかは、私にはわかりません。「私」だとすれば、その「アブトムさ」や「イブトムさ」そのものがどういうものであるかを私は直接体験して知っていることになりますが、アブトムになってしまったりイブトムになってしまったらそうなったとわかるとされる、その権限自体は、「当人」であることに由来するので、私が実際に感じるアブトムさそのものやイブトムさそのものは、じつはこの権限機構には関与していないことになります。

いや、「当人」であれば、少なくともその当人自身は、自分自身の意識を直接体験しているはずではないか、だからこそ、その「権限」が与えられているのではないか、と言われるかもしれません。「当人」が「自分」の意識を！　これはまさしく、さきほど論じた問題の反復です。一六世紀には一六世紀の「現在」が、二四世紀には二四世紀の「現在」が、たしかにあるのでしょう。しかし、それらは現実の現在ではない。「現在」についても、「自分」についても、現実のそれと可能なそれとの間のこのずれは、どこまでも決して無化されないのです。そして、現実性と可能性とのこのずれそれ自体が再び可能化されて、現実そのものではない「現実」という概念が生まれてくるわけです。

同じことを逆方向から語ることもできます。いや、「私」といえども自分の意識を直接体験できるだけではないか、その限りで、ブトムの変化を私的に認知する権限が与えられているだけではないか、と。これはすなわち、二一世紀といえども、それが「現在」であるのは二一世紀にいるわれわれにとってなのであって、それは、一六世紀の人にとっては一六世紀が、二四世紀の人にとっては二四世紀が、現在であるのとまったく同様である、ということです。

「自分」だけが直接的に体験できるものとしての「意識」のとらえ難さは、ここにあります。概念的にとらえようとすれば、それはとらえられない「私」の方向にどこまでも逃げていきますし、直接にとらえようとすれば、それはすでにとらえられている「当人」の方向に逃げていきます。しかも、「私」というとらえ方の内部でも、「当人」というとらえ方の内部でも、その同じことが反復されるので、事態はますます複雑になります。しかし、まさにそのようなあり方こそが「意識」が存在する仕方なのです。それは、一つの概念の複数の実例が同じ平面に並んで現われうるような、通常の意味で実在するものとは、根本的にあり方の違うものなのです。

はっきり言えば、私は私の見る赤、私の味わう酸っぱさ、私の感じる憂鬱、つまり私の持つ意識しか知りません。そしてその直接性は、誰であれ、それぞれ当人には直接わかるとされるその直接性とは、違う種類のものです。誰であれ、それぞれその当人には直接わかる直接性のことなど、私は知りませんから。ああ、しかし、これは本当でしょうか？　この二つは違う種類のものでしょうか？　いいえ、言葉で伝わる限り、それは同じ種類のものになるのです。現にいまそうなっているでしょう？（「現在」にかんしても、日記では同じことが起こるということは、すでに指摘しました。）

意識とは、言語が初発に裏切るこのものの名であり、にもかかわらず同時に、別の意味では、まさにその裏切りによって作られる当のものの名でもあるのです。どうか、この言い回しを、気障なレトリックだと思わないでください。ここに問題のすべてがあるのです。

世界の中に客観的に存在している人間や動物というものが、それぞれ意識という不思議なものを持っている。不思議なことに、脳という物理的なものがそれを作り出している。いったいその関係はどうなっているのか。――私はこのような問題の立て方を否定するわけではありません。またそこで前提になっている世界把握が間違っていると言っているのでもありません。それは正しい。しかし、その正しさに、それが正しいという世界把握に、われわれはどのように到達するか、どのようにして現に到達しているのか、それを明らかにするのが哲学の課題だ、と言いたいのです。この課題を飛び越してしまえば、すべては砂上の楼閣です。

質疑応答

――たとえば異星人が、人間のように活動し、人間よりも高度な科学技術を達成して繁栄しているのに、じつは意識がまったくない、という可能性はあるのでしょうか？

その問いは、見た目よりはるかに複雑な問題ですよ。その問いの意味では、彼らにじつは意識があるかどうかがわれわれにわかる可能性は決してありえませんよね？　まずはその「決して」の意味が問題ですね。なぜ「決して」なのか。それでも、彼らにはじつは意識があるかないかどちらかなのでしょうか？　これがまた巨大な哲学的問題です。異星人の場合には、彼らの言語(らしきもの)の解釈の問題が加わりますね。彼らが、意識がありそうな振舞いをしているだけではなく、「意識」と翻訳するのにふさわしい語を使っているかどうか、使っていれば意識があり、いなければ意識はない、というのが一つの考え方で、これまた大問題です。そして、それでも、どちらの場合にも、じつは意識があるとか、じつはない、ということがありうるではないか、と問われるでしょう。

この最後の問いに対する一つの答えは、それは自分自身の場合だけ言えることではないか、というものです。私が外へ向けて一切の表現ができなくても、じつは心の中で何か考えたり感じていたりしていることはありうる。そういうことがありうるものこそが、すなわち私なのだ。——という仕方で私は私を他から識別している。異星人は私ではないから、それはありえない。と、ここまできた段階で、その「私」は「当人」と解釈されてよいのか、という問題が再燃します。じっさい、相手の言語を解釈するというときには、むしろ相手を一個の「私」とみなす操作が根本的に前提されています。相手にも、いま私が私について語ったようなことが可能であることを認めることで、相手を一個の「私」として、つまり「自分」として認定する。逆に言うと、私自身の使う「私」という表現をその水準にまで落とす。そのことで「私」という語の相互翻訳が可能になるわけです。
いま言った一つひとつのプロセスが、ぜんぶ巨大な哲学的問題をはらんでいるので、その問いにちゃんと答えるのは、大変なことなんですよ。

――ということは、たとえばロボット工学者がロボットを作っていて、何かの加減で偶然そのロボットに意識が宿ってしまう、なんてことはありえない、ということですか？

哲学というものは、すごく難しいものですね。同じ一つの哲学的主張に、字づらの上では「ありえない」と「ありうる」の二つの側面が組み込まれざるをえないわけです。まずは、単純に、ありえません。というのは、意識というのが、そんな箱の中の物のように、じつはあったり、じつはなかったりするようなものではないからです。そういうふうに「意識」というものをふつうに実在したりしなかったりする「もの」のように見立てて、手玉に取れると思うような考え方は、おしなべて素朴すぎます。

とはいえ、そのような素朴な見方がどうして成り立つのかを理解することもやはり重要で、偶然ロボットに意識が宿ってしまった(りしまわなかったり)という捉え方が可能にならないと、われわれの「意識」概念は完成しない――という意味では「ありうる」と答えなければならないことになるわけです。その意味で、意識は実在する「もの」のようにみなされるようにならなければならないわけです。その仕組みをこれから考えていきたいのです。

――「外界の共通に見えるもの」もまた、じつはある「ブトム」の内部にあるので、「箱が触れられると凹む」のが「見える」ことはじつは「ウブトムな」ことで、そのときのミクロ物理的状態を「観察する」ことは「エブトムな」ことである、というお話でしたが、そうすると、各人がそれぞれ「ブトム」というものを持っているというより、そんなふうに同じ種類の複数のものが並列的に存在するんじゃなくて、むしろ、一つの「ブトム」の中に他のすべて――他の「ブトム」を含めて――が入っている、というように考えた方がいいのではないかと思いますが……

その「一つの」というのは、どれでもいい、任意の「一つの」ですか？　それとも特定の――たぶん、あなたの――ですか？　それが問題ですね。意識は複数のものが並列的に存在するというあり方をすることができません。そもそも一つしかなくて、その一つが他のすべてを包み込んでしまう、という構造を本性上持っている。しかし、他の意識だけは包み込み切ることができない。と同時に、包み込まれ切れなかった側の諸意識もすべてまた、同じ仕方で他のすべてを包み込んでいる、というあり方をしています。ところが、これを、相互に包み込み合っている、というふうに言ってしまうと、再び並列化されてしまうわけです。これは意識がたまたま持つ性質ではなく、意識の本性、いやむしろその構造こそがすなわち意識だ、と言った方がいい。だから、よく言われる「意識の私秘性」という捉え方でも不十分ですね。それは一つには、意識というものがたまたま私秘的性格を持つのではなく、世界が私秘的なあり方をする側面こそが意識だからですし、もう一つには、その私秘性もまた並列的に存在するのではなくて、むしろ逆に、その並列的に存在することのできなさこそが、（無理に並列化された場合）いわゆる私秘性というものを生み出しているからです。

――それでは、真ん中に一つだけ、赤瀬川原平が創ったような、裏表が逆になった缶詰があると考えたらどうでしょう？　赤瀬川原平は、缶詰を裏返して、中に(?)宇宙全体が入っている「宇宙の缶詰」を創ったのですけど、私というのは、たくさん缶詰たちがいる世界の中の、そういう一つだけ裏表がさかさまの缶詰みたいなものですよね？

赤瀬川原平さんの話は知りませんでしたが、裏表が逆というのはとても心暖まる、いい話ですね。真ん中に裏表の逆な缶があって、宇宙はその中にある。しかし、その宇宙の中にある他の缶たちも、それぞれとしては、やっぱり真ん中にあって裏表が逆なんですね。だから、本当の真ん中にある缶は、最初からそのことを見込んで裏表ということの意味を設定していなければならない。そして、そのことそれ自体は、宇宙の中の他の缶たちも、やっぱり同じ……というふうに、どこまでもなっている。

とはいえ、これをライプニッツのモナド世界や華厳経の世界みたいに、相互の含み込み合いみたいな形で並列的に描いてしまうと、実態から外れてしまう。むしろ、原初の、真ん中の、裏表が逆の缶は、端的に逆で、そこから宇宙が始まるので、缶詰なんかじゃないし、もちろん逆なんかでもない。他の缶詰たちと同じなのに裏表だけが逆だ、なんてとらえ方は、後から創作されるほかはない。むしろ、これ以上違うものはないほど違う、他の缶詰たちとのあいだに、後から、裏表が逆であることを除いた共通性を見出して、自分もまた一個の缶詰であるとみなす。しかも、その洞察のプロセスを逆方向から他の缶詰たちにも押しつけて、たまたま裏表が逆なだけの同じ種類のものとみなす。だから、相手からもそうみなされているとみなす。一つの宇宙の内部でではあるけど、みなしあう。そのことによって、最初に言ったような描像が出来上がるわけですね。

次回の講義で何回か図表を描きますが、そのとき、この缶詰の話をそのつど思い出してもらえるとありがたいです。

第2日　なぜわれわれはゾンビなのか

現象的と心理的の対比は累進する

今回の講義では、チャーマーズという哲学者が『意識する心』(邦訳、白揚社、二〇〇一年)という本で提起した問題を受けて、それを、私自身が正しいと考える方向へ発展させてみたいと思います。私自身が正しいと考える方向とは、もちろん、第一回の講義でその概略が描かれたような方向なのですが、私は、それこそが彼が言うべきことであったと考えるわけです。ただし、この第二回の講義の過程で、第一回の講義では触れられなかった細部の議論が、逆に彼の問題設定を借りて、かなり詰められていくはずです。主題の中心は「ゾンビ」という概念の真の意味にありますが、はじめのうち、彼の議論を比較的忠実にたどって紹介していきたいと思います。

チャーマーズの議論は、心にかんする現象的な概念と心理的な概念とを区別することから出発します。これは、私の前回の講義における「意識」と「心」の区別に対応します。最も単純には、これは広義の心の私秘的な側面と公共的な側面だともいえます。彼はこう言っています。「ある人の色彩体験の有無を問題にするとき、その人が外界から刺激を受けたかどうか、そしてある処理の仕方をしたかどうか、を問題にしているのではない。その人が色彩感覚を体験しているかどうかを問題にしているのであって、これははっきりと別の問題である」(三七頁下段。強調原文)と。そしてもちろん、この「体験」そのものが、すなわち「現象」的な側面であるわけです。心の働きはみな、そのような体験そのものが伴わなくても、因果連関の中でその役割を果たすことができます。それなのに、なぜだか体験が伴っている、それこそが問題なのだ、と彼は言います。

たとえば「痛み」を考えてみましょう。痛みの機能はすべて満たしているのに、現象的な痛みの質がない、としたらどうでしょう？　痛みにかんしてそういう人がいたら、その人はいわば「痛みゾンビ」です。その人は、心理的な痛みは持てるが、現象的な痛みは持てない、ということになります(心理的な痛みは感じるけど、現象的な痛みは感じない、と言ってもかまいませんが、その場合には「感じる」にも心理的な意味と現象的な意味の二つの意味があることになりますね)。まずは、この対比をしっかり理解してください。理解するように努めてください。知覚の場合で言えば、知覚は完全に心理的なプロセスとして理解可能です。なぜなら意識を持たないロボットでも、障害物をよけて目的地に達することができるとか、そういうふうに外界の状況を知覚して行動することができます。「赤いチョークを取ってこい」といった命令に従うこともできるでしょう。しかし、われわれの知覚にはなぜか現象的な質が伴っています。ですから、それが欠けていればやはりその点にかんするゾンビになります。チャーマーズのいう「ゾンビ」は、そうした現象的な質の全体が、つまり意識そのものが欠けた人間(そっくりの生き物)のことです。この点についてはまた後でくわしく論じます。

心的現象を語る概念の中には、現象的側面が本質的なものと心理的側面が本質的なものとの区別があります。感覚は前者で、知覚や思考は後者でしょう。だから、感覚にかんしては、心理的な因果連関が不可欠とはいえないのに対して、知覚や思考にかんしては、逆に現象的な質の存在の方が不可欠とはいえない、というような対比が成り立ちます。とはいえ、それは、特定の知覚や思考の成立にとって本質的ではない、というだけで、全然なくてもいいというわけではありません。2+5の計算をするときに固有の現象的な質(つまり「2+5」感)といったものはない――あっても本質的な役割を演じない――でしょうけど、だからといって、意識がなくていいわけではない、というわけです。

さて、この段階ですでに、私には小さな疑問があります。それがじつは巨大な問題に通じるのですが。ここで、現象的と心理的の対比がなされていますが、それを語る彼自身にとっては、この対比は現実にナマで有効な対比であるとしても、それが語られる相手にとってもそうであることを——すなわち、他者においても現象的と心理的の対比が成り立つことを——彼はなぜすでに知っているのでしょうか。現象的と心理的との対比は、なぜ彼自身と他者との対比を超えて生き残る、と最初から前提されているのでしょうか。この、問われるべき最も重要な問題が問われていない、と私は思います。言語を介したこの伝達によって、現象的なものはすでに現象的ではなくなって心理的に、つまり心理的な概念の内部での現象的なものに、変質してしまっているはずではないでしょうか。言語的伝達において、すでにこの対比は心理的な概念の内部での対比に格下げされているのではないでしょうか。

これは逆の言い方も可能です。そして、その方が正確な言い方です。つまり……、彼の議論を読んで理解する私自身においては、この対比は現実に生きて働いていますが、まさにそれゆえに、私は私の把握するこの対比を、誰とも共有することができないのではないか、と。そうすると、私がその対比を学んだ当のチャーマーズ自身におけるこの対比は、すでにして心理的な概念の内部での対比に格下げされていたはずです。つまり、この対比には、

- 現象的
- 心理的
  - 現象的
  - 心理的
    - 現象的
    - 心理的
      - （……以下同様にどこまでも続く）

という構造をもった、対比の累進が避けがたく組み込まれているのです。この対比が現実に生きて生身で稼働しているのは最上段だけで、それを言語によって反復する二段目以下は、いわば洞窟の中にあるその幻影にすぎないわけです。ですから、私自身においてこの対比は現実に生きて働いているとはいっても、いまこのようにしてこうして喋って伝えることができている内容それ自体は、当然すでに二段目以下に落ちている。つまり、心理的な概念の内部での対比に格下げされてしか伝わらないわけです。

そして、このことが避けがたく組み込まれているということこそが、この対比の本

質なのだと思うのです。さきほど私は「まずは、この対比をしっかり理解してくださ い」と言いましたが、じつはこれは「しっかり」とは理解できないようにできているのです。対比をどのレベルで理解すべきかが決定できないので、不安定な構造を内部に抱え込んでいるからです。あらかじめ言っておけば、この対比の累進の避けがたさにこそ、「意識」概念の本質が隠されている、というのが私の見解です。そして、すべての対比を同じ平面に置くために開発されるのが、前回の講義で述べた、「自分」という一般概念であるわけです。

「この対比をしっかり理解してください」と言う直前に、私はこう言いました。「心理的な痛みは感じるけど現象的な痛みは感じない、と言ってもかまわないけど、その場合には「感じる」にも心理的な意味と現象的な意味の二つの意味があることになる」と。しかし、ですよ。もし「感じる」に現象的と心理的の二つの意味がありうるなら、「現象的」それ自体にも、その二つの意味がありうるのは、むしろ当然のことではないでしょうか。そして、それなら、「体験」や「意識」や「クオリア」など、じつはみんな同じはずではないでしょうか。

チャーマーズのこの対比を読んで理解するときに起こることは、デカルトの懐疑と

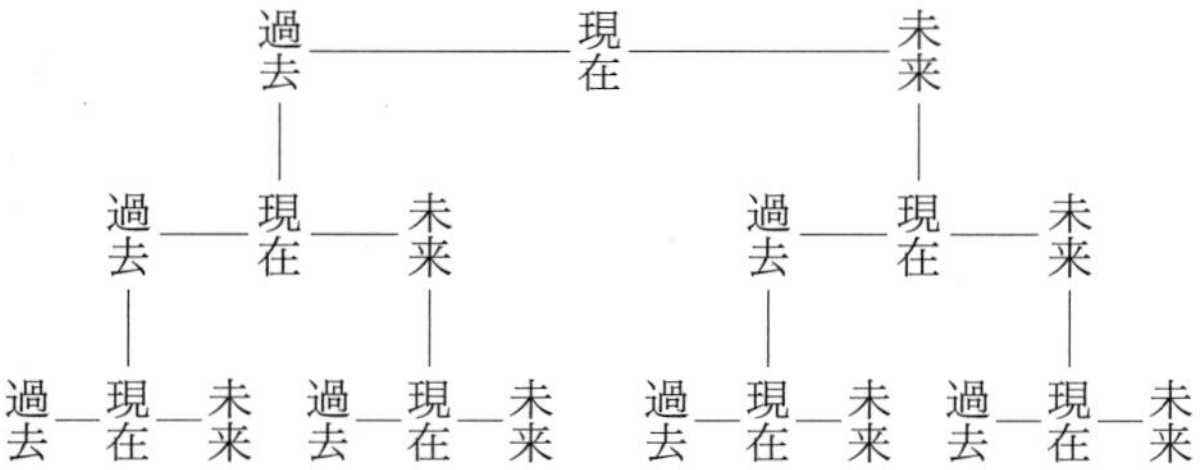

(……以下同様にどこまでも続く)

「我思う、ゆえに我あり」というその帰結を読んで理解するときに起こることと、じつは同じことです。森羅万象すべてを疑っても、疑っているその私が存在するということだけは疑えない、とデカルトは言います。さてデカルトのその「我思う(＝我疑う)」は、現象的でしょうか、それとも心理的でしょうか。この問いは、私がいまチャーマーズに向けたのと同質の問いなのです。

ここまできたら、やはり、前回の講義で論じた時間との類比に触れておかないわけにはいきませんね。これは私の『私・今・そして神——開闢の哲学』(講談社現代新書、二〇〇四年)の一三三頁にある図表の簡略版です。

くわしい説明はその本を読んでもらうとして、簡単に説明すれば、いちばん上の「過去—現在—未来」が現実のそれです。しかし、前回の講義でもお話ししたように、どのような過去にもそのときの現在が、どのような未来にもそのときの現在があって、その現在を中心にした過去と未来があります。二段目以下がそのことを表現しています。これまた、このことは二段で終わるわけではありません。この時間把握そのものの問題点は、前回ある程度はお話ししたので、ここでは繰り返しません。

さて、ここでは、「現在」を「現象的」に対応させ、「過去」と「未来」を「心理的」に対応させてみてください。すると、さきほどの図表での最上段がこの図表の最上段に対応することがわかりますね。チャーマーズの語る「現象的」が、それ自体、心理的な概念の内部での分類に変質してしまうのは、時間論における「現在」が、二段目以下に落ちて、過去における現在も、未来における現在も、やはり「現在」であることにならざるをえないことに対応します。どちらの場合も、現実的で直接的なものが概念的で相対的なものに頽落し変質するのです。頽落とか変質とか言っても、これは批判されるべき事態ではなく注目されるべき事実なのですが。

以上が、私がチャーマーズ説を批判的に読み替えていく際の基本的な視点です。

論理的付随と自然的付随を隔てるもの

しかし、この視点からさらに議論を進める前に、紹介しておくべき論点がまだ残されています。次に、ちょっと厄介な話ですが、付随(スーパーヴィーニエンス)ということについて、若干の解説が必要になります。

可能ないかなる状況においても、性質Aが同じであれば性質Bが異なることがありえないならば、性質Bは性質Aに付随している、と言われます。世界全体としてグローバルに考えた場合には、こう表現することもできます。性質Aが同じであるのに性質Bは異なるような可能世界がないならば、性質Bは性質Aに付随している、と。たとえば、われわれの世界と物理的に同一な世界は必ず生物学的に同一な世界になるとすれば、生物学的性質は物理的性質に付随していることになります。したがって、もし意識が物理的な事実に付随しているとすれば、二つの生物の物理的状態が完全に同一であれば、彼らは完全に同一の意識体験をしていることになります。

ここでチャーマーズは、論理的付随と自然的付随という重要な区別を導入します。論理的に可能ないかなる状況においても、性質Aが同じであるのに性質Bが異なることがないなら、性質Bは性質Aに論理的に付随しています。そして、自然的に可能ないかなる状況においても、性質Aが同じであるのに性質Bが異なることがないなら、性質Bは性質Aに自然的に付随しています。自然的可能性は、この世界で成り立っている自然法則を前提にして、その制約内で何が可能であるかを問題にしますが、論理的可能性は、この世界で成り立っている法則からの制約はまったく受けず、ただ論理的に可能なことを問題にします。ですから、論理的には可能であるけれど自然的には不可能なことはいくらでもありますが、自然的に可能で論理的に可能でないなどということはありえません。

チャーマーズによれば、生物学的性質は物理的性質に論理的に付随しています。つまり、物理的に同一なのに生物学的に異なる二つの世界はありえません。ある世界で光合成が行われているなら、物理的にそれと同じ世界では必ず同じ光合成が行われています。また、心理的性質も物理的性質に論理的に付随しています。つまり、物理的に同一なのに心理的に異なる二つの世界はありえません。ある世界で生物が心理的な意味で知覚しているなら、物理的にそれと同じ世界でも、必ず生物が知覚をしています。しかし、ある世界に意識体験が存在するとしても、物理的にそれと同じ世界では必ず意識体験が存在する、とは限らない、とチャーマーズは主張します。つまり、意識は、心理的性質と違って、物理的性質に論理的に付随しているとはいえない、というのです。物理的事実と意識との付随関係は、論理的・概念的な関係ではなく、この世界の自然法則による自然的・偶然的な関係だからです。なぜなら、たとえば、痛みがどのように生起するかを説明する心理学的な機能モデルに対しては、つねに、なぜそのように機能することに「あのような」痛みの感覚が伴うのか、と問えるからです。(これは後に、ゾンビは現実には存在しないが、論理的には存在可能だ、という主張の根拠になるので、注目しておいてください。)

論理的付随と自然的付随の違いは、神の世界創造の場面でイメージするとわかりやすいでしょう。すなわち、もし性質Bが性質Aに論理的に付随するなら、ひとたび神が性質Aを持った世界を創造したなら、Bはそのことで成立してしまう。しかし、もし性質Bが性質Aに自然的に付随するだけなら、神は性質Aを持った世界を創造しても、それにBを付随させるためには、それに加えて、AにBを付随させる法則を作るという、もう一つ別の仕事をしなければならない、というようにです。そして、性質Aを物理的性質と取り、性質Bをその他の諸性質と取った場合、前者の、もう一つ別の仕事をしなくていい場合が、唯物論が正しい場合だと、チャーマーズは言うのです。

チャーマーズの見解に対しては、逆方向からの二種類の反論がありうるでしょう。一方は、いや、論理的に付随しているんだ、という反論で、もう一方は、いや、自然的にも付随していないんだ、という反論です(唯物論を守るという観点からは、自然的に付随していれば唯物論にとって十分なのだ、という反論もありえますが、私から見れば、それはどうでもいい論点です)。後で私は、逆方向からのこの二つの反論を同時に主張したいと思います。

しかし、この段階で何よりも注目しておくべきことは、「なぜそのように機能することに「あのような」痛みの感覚が伴うのか」というような問いが、そもそもなぜ可能なのか、という点です。「あのよう」とはどのようなのでしょうか？　彼は、人々が痛みを「あのよう」に感じていることを、どうして知っているのでしょうか？　私にはここには根拠のない臆断が働いているとしか思えません。そして、チャーマーズのみならず、多くの哲学者が、この最も本質的な点になぜメスを入れようとしないのか、たいへん不思議です。というのは、じつはこの点こそが、ゾンビの可能性等々をめぐる議論において、決定的な仕方で働いて、暗にその論拠になっているからです。この箇所でも、この無根拠な「あのような」の一般化が本質的な役割を演じています。

それが役割を演じることができなければ、「現象的な痛み」などという一般的なものは存在しなくなり、痛みはその因果的な機能によって説明可能な心理的な痛みと同化してしまうほかはないからです。ですからこの点は、きわめて慎重な取り扱いを要する、決定的に重要な点なのです。

チャーマーズの二次元的意味論

逆方向からの二つの反論を同時に主張するとは何を意味するのか、そのことを明らかにするためにも、まだもう一つ、彼の論点を紹介しておく必要があります。次に論じるべきは、チャーマーズのいわゆる二次元的意味論です。

彼の議論の基礎になっているのは、クリプキの議論です。そのポイントは、アプリオリ(経験的探究に先立ってあらかじめそう知られている)とアポステリオリ(経験的探究によってはじめてそうとわかる)という認識論的な対立と、必然的(そうでないことは不可能)と偶然的(そうでないことも可能)という形而上学的な対立とを、はっきり区別したことにあります。この区別はひじょうに重要です。一見すると、アプリオリと必然的が、アポステリオリと偶然的が、重なるように思えますし、それまでずっとそう考えられてきたからです。

クリプキによれば、アプリオリには知りえない必然的真理があって、たとえば「水はH_2Oである」とか「熱は分子運動である」などがそうです。これらは、経験的な探究の結果、アポステリオリに知られたのですが、知られた後では(第一回の講義でも言ったような)逆転が生じて、あらゆる可能世界で水はH_2Oである、ということになる。つまり、そのことが必然的になるのです。すると水が、湖や川を満たし、空から降ってくる、透明な飲める「あのような」液体であることは、アプリオリであったにもかかわらず偶然的なことに転落します。われわれに現われている水の「あのような」水っぽさは、水の本体であるH_2Oがたまたま持つ性質にすぎなくなるのです。

さて、私としては、ここでぜひとも注意しておいてもらいたいことがあります。それは、ここで出てくる「あのような」は、痛みや酸っぱさの現象的な質の場合と違って、私秘性があるわけではない、という点です。この「あのような」は、個々人が自分の私的感覚を指してそう言っているのではなく、われわれこの世界の住人が自分の世界での水のあり方を指して言っているのです。私秘性と言うなら、人間間の私秘性ではなく、世界間の私秘性です。これを混同してはならないと思います(これが、前回の講義でちょっと触れた、第一次内包と第〇次内包の対比で、後でもっとくわしく論じます)。で、それにもかかわらず、このような「あのような」もまた、なくてはならないものなのです。水とは要するに、あれ(とそれに似たもの)だからです。

さて、クリプキ - チャーマーズの意味論によれば、この現実世界の内部と反事実的な諸可能世界を考えた場合とでは、指示の決まり方が違うことになります。言い換えれば、概念には、二種類の内包が結びついていることになります。まずは認識論的な第一次内包ですが、これは指示を現実世界に固定させる関係で、この世界が現にどうなっているかに依存して決まります。次に形而上学的な第二次内包で、これは指示を可能世界に結びつける関係で、現実世界での指示がすでに決まっているとき、それを前提にして、反事実的世界での指示を決めます。「水」の場合で言えば、その第一次内包は、川や湖を満たす透明な、飲める「あのような」液体を選び出します。その後、もし現実の世界で、それが XYZ であるとわかれば、「水」は XYZ を指示することになりますが、H_2O であるとわかれば、「水」は H_2O を指示することになります。これは第二次内包です。そうすると、もはや水が H_2O でないことは不可能になります。これはどんなに「あのように」水らしいものがあっても、H_2O がない世界は水がない世界になります。しかし、当初は、つまり第一次内包の段階では、逆でした。水はH_2Oでないこともありえたのです。あの透明な飲める液体は、まさにそのようにとらえられていたわけですから、H_2Oでないこともありえた。しかし、第二次内包ができてしまうと、話が逆転して、H_2Oである水があのように水っぽくないことも可能になるのです。これがクリプキ(やパトナム)の見解です。

なぜこのような転換が起きるのかという話は、前回の講義で少ししましたが、もっと一般的に言えば、それはこういうことでしょう。われわれが、世界のわれわれへの現われ方を、世界そのものではない、世界そのものからすれば偶然的なものとして、世界の中に位置づけたい、という欲望を持っているから、でしょう。もっと正確に言えば、われわれが開発した言語という装置は、その本質からして、そのような方向性を内蔵していざるをえないような機構だから、でしょう。

さて、チャーマーズによれば、第一次内包は、必然的ではないにしても、アプリオリではあるのですから、世界がじつはどうなっているかという、探究した結果わかることとは独立に確定しています。そうすると、「必然‐偶然」関係を認識論的段階に引き戻して、「アプリオリ‐アポステリオリ」関係に重ねることも可能になります。

つまり、水が透明な飲めるあの液体であることを現実世界の事実と見て、その現実がじつはどうであると判明するかを可能世界と見るわけです。すると、透明な飲めるあの水がH_2OではなくXYZである可能性について考えることができることになります。そして、「水はあの透明で飲める液体である」(や「熱はあの熱いものである」)が、アプリオリで必然的な真理になります。この議論には、現実世界のあり方が実際にどう判明したかは関係ありません。しかし、どう判明しようと、それはたまたま世界がそうなっていただけですから、アポステリオリで偶然的な真理です。

この考え方を取ると、もし現実にあの水がH_2OではなくXYZであることが判明したら、水はその現実世界ではXYZなのだから、その現実世界(可能的な現実世界)から見たあらゆる可能世界で、XYZを指すことになる——というように、現実世界-可能世界の関係自体を可能的に考えることができることになります。その点では利点があるのですが、別の点では薄っぺらな世界把握であることは否定できません。このとらえ方では、われわれの知識においてアプリオリな、たとえば「紫式部は源氏物語を書いた」は、そのことによって必然的ともなるので、紫式部という人が源氏物語を書かなかった可能性が問題にできなくなります。これは、H_2Oがあんなふうに(われわれに水とわかるように)現象しない可能性に対応します。そういうことはありえなくなるのです。

チャーマーズの言い方でまとめると、水がH_2Oでないことは、論理的に可能だが形而上学的に不可能で、水があんなふうな水でないことは、論理的に不可能だが形而上学的に可能であることになります。ただし、この「論理的に」は「認識論的に」と言った方が正確でかつわかりやすい、と私は思いますが……。

そこで、この二次元的意味論を付随性(スーパーヴィーン)の話に結合します。そうすると、論理的な付随性にも、第一次内包によるものと第二次内包によるものとがあることになります。チャーマーズは、意識の物理的な性質への論理的付随の問題を、第一次内包によるものとみなすことによって、その論理的付随を否定しようとするわけです。この点については、後でゾンビの問題とからめてくわしく説明します(八二頁)。

「意識」以外の付随しないもの——指標的事実

ところで、彼によれば、意識(現象的な質、体験、クオリア)以外のほとんどのものは、物理的なものに論理的に付随しています。神が世界を物理的に創造すれば、その他のすべてはそれに付随して自動的に出来上がってしまうのです。論理的に付随しないものの候補として彼が挙げるのは、第一に意識的体験、第二に指標的要素、第三に因果性です。そこでちょっと、第二と第三についても、説明しておきましょう。その後で、ゾンビとからめて意識の問題に戻ります。

まず指標詞とは、「私」「あなた」「ここ」「明日」のように、話者と発話の文脈によって指示対象が変わる語のことです。「ここ」は私のいる場所のことであり、「明日」は今が存在している日の次の日のことですから、究極的には「私」と「今」が本質的な指標詞だと言えます。しかし、これらがなぜ物理的な性質に付随しないのでしょうか？　もし、この「私」を「この発話をしている当の人」として、つまり「当人」として理解してよいなら、それは物理的な性質に付随させることができるでしょう。まったく機械的なロボットでも、「私」と発話して、当のそのロボット自体を指すことができるはずです。「今」も同じで、「今」を「この発話がなされているその時点」として理解してよいなら、それは物理的なものに付随させることができるでしょう。まったく機械的なロボットでも、「今」と発語して、その発語の時点を指すことができるはずです。しかし、チャーマーズはそう考えていません。彼は、私が第一回の講義で分類した「私」や「今」の二つの意味のうち、「唯一の現実の」をつけた方を、じつは念頭に置いているのです（『意識する心』一一八頁下段参照）。つまり、「当人」ではなく「私」です。だからこそ、それは物理的なものに付随しない事例として挙げられているわけです。

たしかに、その意味での「私」や「今」は物理的なものに付随しないでしょう。「今」の場合、それはまったく明白なことです。だって、今と物理的に（どころかすべてにおいて）同一の事実が、まったくそのままで、今でなくなって過去になりますから。たとえ「この今こそが唯一の現実の今だ」と思ったとしても、その事実自体がそっくりそのまま過去になります。「今である」という性質は何ものにも！付随していないわけです。前回の講義でのあの類比が成り立つなら、「私」の場合も、これと同じことです。物理的に（それどころか心理的にも現象的にも）私と同じ人がいても、その人はそのことによって私にはなりません。今とまったく同一の事実が、そのことによって今を作り出しはしないのと同じことです。「私である」という性質もまた何ものにも付随していないのです。（ただし、第一次内包が第二次内包に転化するのと似たプロセスで、「私」や「今」もまた特定の人物や出来事に付随する意味に転化することが可能なのですが、このプロセスについては次回の講義で論じることにしましょう。）さきほどの二つの図表と並行的な図表を示しておきましょう。

（……以下同様にどこまでも続く）

最上段の今だけが現実の今を表しているので、最上段だけが現実の今と今以外の時点との対比を表現しています。したがって、最上段に登場する「今である」という性質だけが、世界の物理的な性質に付随しない性質であることになります。二段目以下の「今」はそういう端的な現実ではなく、どの時点も(現実には過去であっても未来であっても)その時点にとっては今であるという、自己関係性という形式的な性質を表現しているにすぎないので、物理的な性質に付随していると解釈することが可能になります。最上段の今だけは、なぜか端的な事実なのです。

私
他者
　私
　他者
　　私
　　他者
（……以下同様にどこまでも続く）

もちろん、最上段だけが、唯一の現実の私と他者の関係です。最上段に登場する「私である」という性質だけが、世界の物理的性質に付随しない性質です。二段目以下の「私」は端的な事実ではなく、自己関係という形式的性質に解消可能なので、物理的性質に付随するとみなすことができます。だから、私は「私は物理的性質に付随していない」と言えます。それは「こいつが私であることは、こいつの持つ物理的性質に付随していない」という意味です。ところが、私のこの言明は、他の誰にとっても、第二段以下の意味において理解されます。したがって「いや、付随しているよ」と言われうることになります(「この出来事が今起こっているということは、この出来事の物理的性質に付随していない」という言明に対しても、他時点からは同種の批評が可能でしょう)。また、逆に、他の誰でも、言葉の上では、最上段の意味で、いま私が言ったのと同じことが言えるはずです。そして、私は「いや、付随しているよ」と言えるのです。つまり、どの対比が最上段であるかにかんする客観的事実は存在しません。むしろ、この図表の解釈そのものが、この図表が示している対立に巻き込まれてしまうのです。つまり、この図表が示す「私」や「今」と同様の仕方で、この図表における「最上段である」という性質そのものが相対化されるわけです。言語は、この相対化とともに始まりますから(というか、言語とはこの相対化のことですから)、言語的世界の内部には、このことによって消されたものの痕跡は残りません。しかし、私は、結果的にはわれわれは、この言語化のプロセスによって絶えず消されていくものと、それが絶えず作り出していくものとを、つねに同時に生きているのです。そして、「現象的」という規定が二義的にならざるをえないことの根拠も、じつはそこにあるのです。

チャーマーズの場合は、この指標的事実と意識の関係はどうなっているのでしょうか? 彼はそこに本質的な関係があるとは考えていません。その二つは単に並列されているだけです。もちろん私は、そこに本質的な関係があると考えます。もはや誤解の余地はないと思いますが、このように言うと、さきほど機械的なロボットでも自分やその時点を指せるぞ、という話をしたので、それとの対比で「唯一の現実の」のついた「私」や「今」は意識がなければ指せないのだと言いたいのだろう、と思われてしまうかもしれません。まったくそうではありません。その逆です。この意味での指標的要素が世界に存在しなければ、「意識」などというものはありえないのだ、と言いたいのです。また、意識をそのようにとらえるのでなければ、それが物理的性質に付随できないなどということも、あるはずがないではありませんか。チャーマーズ（やその他ほとんどすべての人）のように「意識」を世界内の客観的事実としてとらえるなら、それは物理的性質にじゅうぶん論理的に付随させることができるはずです。

チャーマーズ自身、こう言っています。「意識については、認識論上の問題が一つ存在することが、はっきりしている。他者の心の問題である。この問題が生じるのは、われわれのまわりにいる生き物に、意識があるということも、意識がないということも、どちらもあらゆる外的証拠と論理的に矛盾しないからである。たとえば、われわれは犬の脳を覗き込んで意識体験があるかないかを観察するすべはない。……意識が論理的に付随していると主張する認識論的な議論を打ち負かすには、一見したところのこの問題が存在するというだけで十分である。これと対照的に、他者の生物学とか他者の経済には、一見したところの問題もないのだから」(『意識する心』一〇六頁上段。訳文変更)。

覗き込んで意識体験があるかないかを観察するすべがないのは、犬の脳だけではなく、他者の「外的証拠」一般ですから、この問題を提示する際に主語を「われわれ」にしてしまうのは論点先取です。しかし、この論点先取を犯さなければそもそも問題を公的に提示できない。この構造のうちに、この問題の固有の問題性が隠されています。チャーマーズは、少なくとも一見したところの問題が一つはある、という言い方をしていますが、これは少なくとも一つある、一見したところの(prima facie)問題などではなく、これ一つしか存在しない、問題そのもの(*the* problem)なのです。「他者の心の問題」は、意識というものがたまたま呈する一つの問題なのではなく、むしろ、その問題を生じさせるものこそが意識なのです。それを意識の私秘性と呼ぶなら、意識はたまたま私秘性という性質をもつのではなく、むしろ私秘性という性質を実体化したものが意識なのです。

しかし、その私秘性の問題は、あらゆる生き物がもつ私秘性一般の問題として、同一次元に平面的に提示することができない。繰り返しになりますが、このことが本当に不可解な、問題そのもので、たとえば「現象的」という規定が累進的にならざるをえないことの根拠でもあるわけです。ですから、たとえば「自分自身の脳を観察できれば、脳状態と意識状態との連関を観察できる」という言い方だって、「自分」にまつわる例の二義性がからんでくるんですよ。そして、それこそが問題なんですよ。

「意識」以外の付随しないもの——因果性

物理的なものに論理的に付随しないものの第三の候補として挙げられた因果性についても、簡単に論じておきます。ある一つの世界が、ミクロ物理的事実の細部に至るまで、われわれのこの世界と同一であるのに、われわれのこの世界とどこか違っているとしたら、どこが違うことができるか？——この問いにチャーマーズは、これまでのところ、いわば意識がないこと(あるいは別のあり方をしていること)と、私がいないこと(あるいは別の意識主体であること)を挙げたことになります。そして私は、この二つはじつは別の問題ではない、と主張したわけです。さて、ところで第三の候補は因果性です。

因果性もまた、外的観察によっては出来事どうしのつながりの規則性しか観察できません。つまり、因果性にも「他者の心の問題」にあたる問題があるのです。時空全域にある粒子が一つ残らず同じ位置にあり続ける二つの世界で、そこに因果性があるかないかだけ違うことがありうるわけです。因果性がない——いわば因果ゾンビの世界——とは、じつはすべてが偶然であるような世界です。物理法則の存在を前提にするなら、因果性もまた実在することになるのではないか、と思われるかもしれませんが、法則性はすべてが偶然であることと両立しますし、そもそも法則の存在そのものにもまた同じ問題があります。時空的な全歴史を通じてわれわれのこの世界と物理的に同一でありながら、異なる法則を持つ世界が論理的に可能です。チャーマーズの挙げているちょっとふざけた例では、その世界の物理法則では、真空中に一〇〇トンの純金を集めると必ず鉛に変わるのですが、たまたまそういうことが起こらなかったので、われわれの世界と同じ歴史経過をたどった、というようなのがそれです。ということはもちろん、われわれの世界自身がそういう世界であるかもしれないということです。つまり、自然法則もまた個々の物理的事実の集まりに論理的に付随しないのです。もちろんここには、その個々の物理的事実なるものが自然法則と独立に取り出せるのかという、ヒュームとカントの対立以来の大きな問題が横たわっています。私自身は、それはできないという意味で――ただその限りでのみ――因果性と法則の存在は前提されると考えています。

しかしチャーマーズは、因果性と法則の存在は、たしかに還元による説明はできないけれども、意識の問題に比べれば重大な問題ではない、と言っています。意識は説明を要する始末に負えないものであるのに対し、因果性と法則は、存在する物理現象を、つまり自然に存在する規則性を、説明するために仮定されているにすぎないのだから、と。しかし、そう言ってよいなら、意識だって、自然に存在する規則性を説明するために仮定されているにすぎないとも言えるはずです。彼がそう言えない理由は何でしょうか？　私は、本当の理由は一つしかないと思います。因果性や法則の場合には、「他者の心の問題」にあたる問題があるとは言っても、肝心の自他の非対称性がないのです。意識の場合なら、誰が何と言っても、俺には意識がある、ほら、この通り、と、誰も賛成してくれなくても、自己確信できるものが、一つはあるわけです。そして、そのようなものが他者にもあるかどうかが「他者の心の問題」を構成するわけです。ところが、因果や法則の場合には、その唯一の確実な実例にあたるものが、そもそも存在しません。いわば、すべてが最初から「他者の心」にあたるわけです。

前回の講義の言い方で言えば、いわば第一の逆襲なしに、いきなり第二の逆襲が起こる、と言ってもいいでしょう。だから、安心して、存在する規則性を説明するために仮定されているにすぎないんだ、と言ってしまえる。意識の場合は、そう言いたいけどそう言えない実例が、現実に一つ与えられてしまっているわけです。しかも、どれがその唯一の実例であるかにかんしては、客観的な一致が決して実現できない。その意味では、これは他に類例がないきわめて珍しい現象なのです。

しかし、もしそうであるとすれば、じつは因果性や法則にもこの同じ構造を見て取ることは可能です。その場合、誰が何と言っても、ほらこの通りあるよ、と自己確信できる唯一のものは、因果性にかんしては、自由意志に基づく因果性、たとえば自分の手が上げられるとか、声が出せるとか、その種のことになるでしょうし、法則の方は、自分が話すときに従っている言語の私的意味規則になるでしょう。すると、因果性や法則や規則や意味にかんしても、現象的と心理的のあの対比にあたる対比が成立して、物理的な性質に真に論理的に付随していないのは「現象的」にあたる方だけである、という主張が可能になるでしょう。

物理的な性質に付随するかどうかなんてことは、チャーマーズや今日の「心の哲学」の問題系を離れれば、じつはどうでもいい問題なのですが、意識や現象的な質にかんするゾンビの想定と因果や法則や規則や意味にかんするゾンビの想定がどう違うかという問題は、そんなことよりはるかに大きな哲学的問題を形成します。言い換えれば、「誰が何と言おうと私はゾンビではない」という自己確信の有効性の意味が、意識にかんする場合と規則や意味にかんする場合とでは違うはずなのです。しかし、ここでその問題を論じていると、話が脇道に入って、全体のつながりがわかりにくくなってしまうので、この問題にかんする私の見解はこの連続講義全体から推測してもらうことにして、ここではふつうの意味でのゾンビの問題に直進していきましょう。

第〇次内包

チャーマーズは、物理的に私と同一でありながら、意識体験がない生き物――私のゾンビ複製体――が可能である、と論じます。ここで「私」とは、確実に意識を持つものの例として提示されているので、彼の表向きの意図としては、意識を持つものなら何でもいいわけです。したがって、同じ思想をグローバルに表現すれば、われわれの世界と物理的に同一でありながら、意識というものがまったく存在しない世界が可能である、とも言えます。もちろん、その世界の生き物はみんなゾンビです。

その世界の私か、または普通の世界の私のゾンビ複製体を考えてみましょう。彼は、分子の一つひとつに至るまで私とまったく同一で、外界の情報を私と同じ仕方で処理して、同じ刺激に同じように反応します。ビールの味を他の飲み物の味から識別して美味しそうに飲み、言葉を聴き取り、また話しもします。つまり、彼は私と機能的には同一です。しかし彼には、肝心な中身がありません。意識体験が完全に欠落しているのです。現象的と心理的というあの対比を使うなら、彼に「現象しているもの」はじつはないのに、彼と私とは心理的にはまったく同一なのです。したがって、どちらがゾンビであるか、外からは区別がつきません。彼もまた、私と同じ仕組みによって、自分はゾンビなんかじゃない、と発言するでしょうから。つまり、体験的・現象的意味では、彼には「意識がない」けれど、機能的・心理的意味では、彼にも「意識がある」と言えるわけです。

こういう反論があります。そういうことが考えられる、ということから、それが可能である、ということを導くことはできない、という反論です。これに対して、チャーマーズは、さっき私が「後でゾンビの問題とからめてくわしく説明する」(六九頁)

と言ったあの論点を持ち出して応答するわけです。彼はこう言います。アポステリオリに発見された必然的な現象の場合は、たしかにそうだろう。たとえば、水がH_2Oでない可能性は、もうない。あらゆる可能世界で、水はH_2Oなのだから。しかし、ここでは、アポステリオリな必然性は関係がないのだ。なぜなら、意識はそもそも第一次内包であって第二次内包ではないからだ。つまり、第一次内包としての水はH_2Oでないことが可能であったように、意識は身体内の物理的機能に付随しないことが可能なのだ。ゾンビ世界などというものは、第二次内包としての水がH_2Oでないことが不可能であるという意味ではたしかに不可能だが、第一次内包としての水がH_2Oでないことが可能であったという意味では可能なのだ、と。つまり、意識の物理的な性質への論理的付随の問題を第一次内包によるものとみなすことによって、その論理的付随を否定しようとするわけです。

　二次元的意味論に基づくこのゾンビ擁護論は、じつはかなりよくできた議論で、議論の型としては強調されるに値するものなのですが、しかしこの場合には間違っているのです。というのは、水の場合にせよ、熱の場合にせよ、第一次内包は決して現象的な質(クオリア)ではないからです。水の場合は明らかでしょう。川や湖を満たし、ときに空から降ってくる、あの透明で飲める液体状のものは、すでにその段階で他のものから識別された客観的な「もの」です。熱の場合の「熱さ」でさえ、第二次内包の公的探究のもとになっているのは、決して現象的な質ではなく、みんなが共通に識別できる、火などが持つ、あの性質なのです。ここで出てくる「あの」は、個々人が自分の私的感覚を指す現象的な質の「あの」ではなく、われわれこの世界の住人が自分の世界での水や熱のあり方を公的に指す「あの」なのです。これが第一次内包なら、現象的な質そのものはいわば第〇次内包なのです。そしてもちろん、第〇次内包には累進構造が不可避的に伴います。第一次内包をこの第〇次内包と混同してはなりません。痛みや酸っぱさや黄色でさえ、第二次内包の探究の出発点となるその第一次内包は、決して第〇次内包ではありません。実際、もしそうだったら、公的探究そのものが不可能になるでしょう。

じつは「意識」もそうです。「意識」でさえ第〇次内包ではなく、第一次内包なのですよ。意識がある場合とない場合とを公的・客観的に識別できるのでなければ、「意識」の第二次内包(ミクロ物理的な本質)の探究など始まるはずもないでしょう。現象的と心理的の区別で言えば、最初から心理的であるほかはないのです。つまり、最初から、ゾンビでも持てるものであるほかはないのです。

しかし、そうだとすると、チャーマーズの主張する「現象ゾンビの可能性」はいったいどうなるでしょうか？　あらかじめ答えを言ってしまえば、彼が言わんとすることはじつは第〇次内包に関係しているので、(累進構造を考慮に入れないかぎり)言えない。これが私の答えです。そして、私の意見では、これは本質的にウィトゲンシュタインの洞察なのです。この真に心暖まる洞察を、瞬く間に誰もが忘れ去ってしまったように見えるのは、まったく不思議というほかはありません。

逆方向からの二つの反論を同時に

意識は物理的性質に論理的には付随していない、というチャーマーズの主張に対して、私は、逆方向からの二つの反論を同時にできる、と言っていたのを覚えていますか？　ここまでくれば、先延ばしにしていたこの課題も簡単に果たすことができます。逆方向とは、「論理的に付随しているぞ」という反論と「自然的にも付随していないぞ」という反論の二つでした。

で、まずは「論理的に付随している」の方です。これは、「意識」の第一次内包も心理的でしかありえないということから明らかでしょう。つまり、この意味で、ゾンビは文字通りまったく不可能なのです。理由は簡単で、われわれの「意識」概念は、ミクロ物理的な第二次内包などが開発される以前から、つまり最初から、たとえば「意識を失う‐意識を回復する」ゲームに参加できるか否かによって、客観的に規定されているし、そうであるほかはないからです。ゾンビだって、たとえば頭を打って意識を失い、その後、意識を回復することができる。ゆえに、意識を持っていざるをえない。われわれの「意識」概念の故郷はそこにしかないからです。第二次内包の探究も、それを基盤に行われるほかはないのです。

　しかも、この場合、第一回の講義で問題にしたような「第一の逆襲」は起こりません。なぜなら、「何も酸っぱいものを食べていないのに、なぜだか口腔全体に酸っぱさが広がる(にもかかわらず苦い表情にしかならない)」という状態に対応することが、もし「意識」に起こったとしたら、それはつまり、じつは意識があるのに「意識ある」人が行うような外的振舞いが一切できない状態でしょうから、それが起こったことを表明することはまったくできないでしょうし、もしその逆が起こったら、それはつまり突然ゾンビになるということでしょうから、やはりそれが起こったと言うことはできないでしょう。かりにゾンビがそう発言したとしても、彼がそれを指して言ったことだけはありえないのです。

次に、「自然的にも付随していない」の方です。チャーマーズは「他者の心の問題」を提示して「意識が論理的に付随していると主張する認識論的な議論を打ち負かすには、一見したところのこの問題が存在するというだけで十分」だと言っていました。しかし、もしこれが論拠であるなら、それは意識の自然的付随にも及ぶことは明らかでしょう。これが論拠になるのなら、ゾンビは、論理的どころか、自然的にだってじゅうぶん可能なはずですよ。つまり、この世界にふつうにたくさんいるのかもしれない――いるかいないか絶対にわからないけれど――はずです。「他者の心の問題」とは、まさにそういう問題なのですから、チャーマーズが、それを論拠に使いながら、この世界のふつうの他人たちには意識があると信じて疑わないのは、不可思議というほかはありません。

しかし、逆に、どうしてそれが論拠になるのでしょうか？　もし「意識」概念の故郷が「意識を失う‐意識を回復する」ゲームに参加できるかどうかにあるのだとすれば、他者にじつは意識がないという可能性は、他者がそのゲームに参加している限り、アプリオリにありえないことになりますし、また、他者に然るべき神経生理学的過程が生じている限り、必然的にありえないことになります。第一次内包も第二次内包もどちらも機能的・心理的であるからです。チャーマーズなら、いや、それでも他者に「現象的な」意識があるかないかという問題は残るだろう、と言うかもしれません。しかし、「意識」の第一次内包でも第二次内包でもない「現象的な意識」とは何でしょうか？　他者にそれがあるかないかという問題は、どういう種類の問題なのでしょうか？　おそらく、実感としては、こういうことでしょう。「俺にはたしかに意識であるこれがある。しかし、他者にもこのようなものがあるのだろうか？」。しかし、他者に「このような」ものがあるかどうかは、他者の定義上、決してわかりません（わかったら、他者ではなく自分でしょう）。他者のゾンビ可能性は、その意味では、必然的なのです。

しかし、定義上わからないことがわかっているような問題は、擬似問題ではないでしょうか？　そもそも「他者」に「このような」ものがあるとかないということ自体が、経験的な事実言明のふりをした論理的な同語反復か矛盾言明なのではないでしょうか？　そうです。他者に「このような」ものはないのです。だからこそ、他者なのです。では、他者はゾンビなのでしょうか。一つの意味では、まさにそうなのです。だって、そうでしょう。「外的な振舞いも内的な脳や神経の状態もまったくふつうの人間なのに、痛さも酸っぱさも不安も憂鬱も感じない人は、だあれ？」と問われたら、この謎々の答えは「他人」しかありえないでしょう。これは、疑う余地のない、端的な事実です。ゾンビという概念の故郷は、私と私でない人という、世にも不思議な、この不気味な対比のうちにしかありえません。しかし、しかしですよ、その「他人」って誰ですか？　私はいま、なぜこのことを、賛同を期待して、あなたがた他人たちに語ることができるのでしょうか？

　ここにある問題は、またしても、「自－他」関係の累進的多重性なのです。ある意味では、誰でもが自分自身を内省して「私にはたしかに意識がある。しかし他者にもこのようなものがあるのだろうか？」と問えるのです。私もまた、いましがた、それをしたことになるのです。彼には彼の「私」が、彼女には彼女の「私」があるのと同様に、私には私の「私」があって、その誰にも必然的に他者がいるからです。そして、その場合もまた、他者に「このような」ものがあるかどうかは、他者の定義上わからないので、他者のゾンビ可能性は必然的になるのです。

しかし、別の意味では、それらは現実の他者ではない。「私には私の」の中に登場している「私」は、誰もが持つ「私」とは意味が違い、したがって「他者」の意味も違ってきます。ここには、五六頁の図表に示された「現象的」の累進構造と七三頁の図表に示された「私」の累進構造との関連が鮮やかに現われていますね。ゾンビ概念の故郷は、したがって「意識」概念の故郷もまた、今度はこの累進する自他構造にあるのです。

累進構造から一般的な「意識」の成立

チャーマーズもゾンビを考えるとき、それを「私のゾンビ複製体」として考えていました。これはまったく象徴的なことです。「私のゾンビ複製体」とは、じつは、私とあらゆる点で同じなのに、ただ私ではないという点においてだけ違う人のことです。「現象的な意識体験がない」ことのモデルは、そこにしかありえません。つまり、この問題は「私のゾンビ複製体」としてしか立てられないのです。まずは、そこが決定的な点です。そして、それなのに、それなのにですよ、まさにこの事実を裏切って、そのことが私ではない人にも一般化できるのです。だからこそ、他者と共有可能な

「問題」になるし、現にいまそうなっている。つまり、私がこのことを考えた瞬間、他の「私」を出発点にしても同じことを「考える」ことができる！

これは、デカルトが懐疑の果てに「我思う、ゆえに我あり」という帰結に達したときに起こったことと同じことですね。すべてを疑っても疑っているこの私が存在することは疑えない、という真理に彼が達したその瞬間、その真理は、一般にすべてを疑っても疑っているその私が存在することは疑えない、という真理に転化しました。それは、じつはもっぱら言語の働きによるもので、言語が見せる夢にすぎないのですが、われわれは言語が見せる夢の世界に生きているのですから、その夢から「覚める」ことはできません。

このようにして、一般的なゾンビの想定が可能になることによって、一般的な「意識」もまた成立します。「私の複製体で、もちろん私ではないけど、しかし現象的な意識は立派に持っている人」というものが想定可能になりますし、逆にまた「私の複製体で、もちろん私ではないけど、そのこととは別にまた、現象的な意識も持っていない人」というものも想定可能になります。もちろん、私のこの非ゾンビ複製体とゾンビ複製体のあいだに、実質的な差異はありません。彼らが持ったり持たなかったりできる「意識」とは、実在するものではなく、いわば、五六頁の図表の「現象的」と「心理的」の対比から、その累進構造を取り去って、あたかも「現象的」なもの一般が実在するかのように想定することによってえられる、高度に抽象的な構成概念なのです。その意味で、「意識」は最初から機能的・心理的であらざるをえない。こうして、前回の講義の冒頭で問題にした「私の・意識」という二段構成が、はじめて可能になります。つまり、私に・意識がある・ことになるのです。

いったんこの構成を認めてしまえば、私が現にいま意識を持っていないことだって、十分に可能な事態となりますよ。「あなたは脳の状態がしかじかだから、じつは意識はないんですよ。あなたの感じているそれは、じつは意識ではないのですよ」という権威者の発言は、十分説得力を持ちうるのです。この場合は、脳状態に違いがあるので、本物のゾンビではありませんが、理由は、べつに脳なんか関係なく、たとえば「あなたはさそり座だから」でもかまわないのです。さそり座の人はゾンビだと信じられている世界では、一一月生まれである私は、自分はゾンビだと自認して一生をすごすことが可能です。その可能性の成立こそが、自立的な「意識」概念の完成を意味するのです。しかし、もちろん、この状況においてさえ、私は、誰がなんと言おうと、私が感じているこれ、これこそが本物の意識なんだと自覚し、因襲に反逆することは可能です。これこそ「デカルト的コギト」の真の意味でしょう。しかし、それでさえ、さそり座のすべての人に！、その反逆の可能性を認めざるをえないでしょう。さそり座のすべての人にその反逆の可能性を認めうるとは、さそり座のすべての人がゾンビだと認めうることと同じことではないでしょうか？

前回の講義で取った時間との類比はどうなるでしょうか？　ゾンビの疑惑は、たとえば一昨日の正午の現在がじつは(その時点において)現在ではなかったのではないか、と問うことに対応します。これは、私の記憶が間違いで、じつはあのとき御茶ノ水であのカレーを食べてはいなかったのではないか、といった種類の問いだと誤解されるでしょうけど、それは、私の他者の心の理解が誤りであることに対応していて、他者がゾンビであるかどうかという問いとは対応していません。一昨日の正午の現在が現在ではなかったとは、その時点において「意識」が、すなわちその時点それ自体をとらえる反省作用としての意識が、存在しなかったという意味に読み替えられるほかはないはずです。それを超えて、端的な現在そのものが存在したかしなかったかは問うことのできない問いでしょう。過去なのだから端的に現在でないか、時点なのだから必ず現在であったか、その二つの答えしかありえないでしょうから。

クオリアの逆転はいかにして可能か

チャーマーズが次に取り上げている、いわゆる「クオリアの逆転」については、どうでしょうか？　それは、グローバルに言えば、物理的にはわれわれの世界と同一なのに意識体験が(無くはないが)異なっている世界が可能であるという主張ですし、ローカルに言えば、物理的に私とまったく同じ人物が意識体験が(無くはないが)異なっていることが可能だ、という主張です。チャーマーズはこれを、たとえば「私が赤体験をするとき、彼は青体験を持って、それを「赤」と呼んでいる」というように表現しています。これはつまり、二人とも「赤い」と言うもの、すなわちトマトや血や夕焼けや消防自動車について彼が持つ色体験は、二人とも「青い」と言うもの、すなわち海や空について私が持つ色体験と同じ、ということです。現実世界でこのような逆転が起こるには、神経プロセスの組み替えが必要でしょうけど、論理的な可能性としては、物理構造がまったく同じでありながら、体験だけ逆転することが可能だ――とチャーマーズは言います。

しかし、この議論はまったく誤りです。二人とも「赤い」と言っているものについて彼が持つ「色体験」は、まさにそのことによって私と「同じ」で、「赤」でなければなりません。それがじつは私の持つ青体験と「同じ」である可能性は存在しません。これは、さきほどお話しした、「他者」に「このような」ものはない、という話と同じことです。他者の見る赤が、私の見る赤と同じか違うかという話は、「現象的」クオリアをあたかも通常の実在物であるかのように見立てて、相互に比較できるかのように扱うところから由来する、一個のナンセンスにすぎません。繰り返しますが、それができないからこそ他者なのですよ。そして、まさにそのできなさこそが、「現象的」クオリアを「現象的」たらしめているのです。

それにもかかわらず、その比較が可能であるかのような錯覚を生み出すのは、私が私の内部で——別の水準では、すべての人が「自分」の内部で——自分のクオリアを比較できるからです。右目で見る色と左目で見る色が違っていればその違いを、右足と左足に同時に怪我をしたならその痛みの違いを、観察することができます。したがって、この場合にはクオリアの逆転も可能な事態になります。また、前回の講義で言ったように、自分のクオリアがある時点で逆転した場合も、記憶によってそれを知ることが可能です。逆に、記憶によってそれを知る可能性こそが自己という時間的まとまりを成立させる、ともいえます。そうすると、他者とのあいだには、この記憶にあたるものがないので、そのなさこそが他者の本質であることになります。

この議論における「自－他」の対比にも、何度も図表で示したあの階層差が常に食い込んでいることを片時も忘れないでください。ここでいう「クオリア」だって、伝わる限りでは「クオリア」という機能であって、現象的であるといっても、すでにもう心理的なものの中で「現象的」という役割を担っているという意味で「現象的」であるにすぎないのです。だから、その意味では、ロボットだって「私は昨日から赤いものが青く見えます」とか、「今日から酸っぱい味が苦く感じられます」と報告することができるはずです。外界認知と独立に自分の認知様式それ自体を認知して保存する機能さえあれば、それは十分可能な事態だからです。そして、何よりも重要なことは、私自身もまた、もしそのような報告をするときには、その発言はこのロボットと同じことを伝えることしかできない、ということです。

では、心理的なものの中で「現象的」という役割を担っているのでは**ない**原初の現実の本物の現象的なクオリアそのものについては、どうでしょうか。私は、心の中で、俺にはたしかに痛み(酸っぱさ、不安、憂鬱……)であるこれがある、しかし、他者もこれと同じものがあるのだろうか? と問うことができます。しかし、そのとき、(他者が端的にゾンビであったのと同じ意味で)他者に「これ」と同じものは端的にないのです。とはいえ、同じものがないとは、違うものがあるという意味ではありません。同じとか違うとか言える基盤そのものが、そもそもないのです。だから、もちろん、もし覗けたら「逆転」しているかも、などといったお上品な事態は想定できません。そういう種類のまったく特別の断絶が、ここにはあるのです。まずは、そこが決定的な点です。

そして、それなのに、それなのにですよ、このまったく特別の断絶がちっとも特別でなくなるわけです。ゾンビの場合と同じですね。さっき言ったように、言語で語る際には、私はロボットと同じこととしか語れないからです。原初の現実の本物のクオリアそのものなんて、私自身にももうないのです。そして、その水準に立ったとき、「クオリアの逆転」の名の下に、心理的な機能の中で「クオリア」という役割を担っているものの「逆転」が想定可能になります。外界認知と独立に自分の認知様式それ自体を認知して保存するその機能に、外部からのアクセスがもしできれば、それが相互に同じであったり逆であったりすることが可能になるからです。ここには、特別の種類の断絶はもうないのですから。にもかかわらず、そこに私は、まったく特別の種類の断絶を密かに重ね合わせて、この逆転の哲学的な意味を味わうわけです。

ジャクソンのメアリーとネーゲルのコウモリ

チャーマーズは、意識が物理的なものに付随していないことを示すために、これらの議論のほかに、いわゆる知識論証というものも付け加えています。私はこの議論はさほど重要ではないと思いますが、有名なので、一応紹介して、論評しておきましょう。

まずは、フランク・ジャクソンによるメアリーという想像上の人物のお話が有名です。彼女は白黒の部屋で育てられたので、色は白と黒とグレーしか見たことがありません。しかし、彼女は世界的な神経科学者になって、色の視覚情報処理にかんする神経プロセスについて完璧な知識を持つことになります。とはいえ、彼女は赤い色や青い色を見るということがどのようなことかは、まだ知りません。その彼女がはじめて外界に出て、赤や青を見たとき、それまで知らなかった世界の事実について、はじめて知ることになるでしょう。そこから、色覚の主観的経験の事実は、物理的事実に内含されないことになる、というのです。もし内含されているのであれば、彼女は自分の知識に基づいて、赤を見るとはどのようなことかを推論できるはずだからです。ゆえに、物理的知識がすべてではない。ゆえに、唯物論は誤りである、というような議論です。

チャーマーズ自身は、チャーチランドの反論を取り上げて再反論していますが、それはあまり面白味のない議論なので、かわりに次のような反論を考えてみます——いや、それでも、赤を見ている脳状態になれば赤が見えてしまうのだから、メアリーの力をもってすれば、その部屋の中で、そういう状態を物理的に実現して、自分に赤を見せることはたやすいのではないか、という反論です。たしかに、それは可能でしょう。それでも彼女は、物理学の知識からその色を推論することはできない、ということがこの議論のポイントです。彼女は赤を見たとき、それでもやはり、まったく新しい種類の知識を得るのです。つまり、物理学には含まれていない心理‐物理法則が現実世界にあることになる。したがって、この関係は論理的な付随関係ではなく、自然的な付随関係であるということになり、物理的性質以外にこの世界を作っている別の物が存在するということになる、というわけです。

言うまでもないことですが、私はこの応答にまったく賛同しません。そもそも、世界の中に物理的性質に尽きない何か別のものがある(とかない)などという発想は、あまりに単純で貧寒な発想ではないでしょうか。意識の存在という問題はそんなチャチな問題ではないんですよ。それは、一種類の共通世界の内部に二種類の存在がある(とかない)というより——残念ながら、この連続講義ではそこまではお話しできませんが——その一種類の共通世界という想定そのものの成立の根拠が問われている、もっとはるかに根本的な問題なのです。

で、私自身の反論は簡単です。それは、この話はメアリーがゾンビであっても成り立つのではないか、というものです。メアリーという他人についての思考実験から、われわれがその趣旨を理解できることから、それは明らかなことではないでしょうか。ゾンビ・メアリーにも「現象的体験」として位置づけられている心理的機能があるはずです。定義上、それは物理学的知識からは推論できない位置にある。とすれば、彼女もまた外界に出て赤や青を見たとき、それまで知らなかった世界の事実についてはじめて知ることになる。そこから、色覚の主観的経験の事実が物理的事実から独立であることがわかるのだとすれば、それは単にそういう位置づけが与えられていたからにすぎないことになるでしょう。そして、メアリーが「他人」である以上、彼女がゾンビであることとゾンビでないことのあいだに実質的差異はありません。いや、それどころか、たとえメアリーが私であったとしても、メアリーである私は「色とはこんなものだったのか」という私の発言のうちに、その実質的差異を乗せることはできません。そして、ここからまた、さきほどクオリアの逆転について言ったのと同じことが繰り返されるわけですが、それは同じことなので省略します。ポイントは、要するに、ここにもまた累進構造が働く、ということなのです。そうでなければ、0と1しか知らなかった人が2、3、4……を知るようになるといったケースと何も変わらないでしょう。

ジャクソンのメアリーと並ぶ大スターは、ネーゲルのコウモリです。これも有名なので、ちょっと論じておきましょう。コウモリであることがどんな感じのことなのか、われわれは知ることができません。コウモリにかんする物理的(生物学的・生理学的)事実がすべてわかったとしても、やはり彼らがどんな体験をしているかはわからない。ここにも断絶があるわけです。その理由は、自分とかけ離れた主観性の形式はうまく概念化できないからです。人間がもつ意識概念は人間の意識の機能形式に基づいて作られているので、それとあまりにも違う形式は想像しにくいからです。コウモリの脳がどのように彼らの意識を作り出すかを理解したならば、われわれはコウモリの意識の機能の形式を理解するでしょうけど、コウモリの現象的意識そのものをとらえることはできません。

しかし、もしそうなら、人間どうしだって、コウモリどうしだって、結局は同じことではないでしょうか。他のコウモリであることがどんなことなのか、コウモリ自身にだってわからないでしょう。一般にコウモリであることがどんなことなのかは、コウモリにだってわかりません。でも、自分であるコウモリであることがどんなことか、ならわかるでしょう。

だとすると、コウモリの脳科学者だったら、自分の脳状態と自分の意識状態との関係を研究できるはずです。自分の脳状態を観察して、この状態のときは意識はこの状態になる、というようにです。そのコウモリがゾンビだったらどうなるか、とか、この同時性の意識そのものに対応する脳状態はいかにして知覚可能か、とか、観察された脳状態はやはり意識状態なのだから脳感(内観によって脳状態を直接感じること)と同じで、結局意識どうしの関係にすぎないのではないか、とか、そういった問題はそれぞれすべてきわめて重大ですが、残念ながら論じている時間がありません。

それらにもまして、私がここで提起したい問題は、このコウモリ脳科学者は自分の研究主題が心身関係であることを知ることができるか、あるいは心身関係だと思うことができるか、という問題です。私は、できないと思います。だって、コウモリ脳科学者は、他のコウモリにもこれと同じ関係が生じているとどうしてわかるのですか？どうしてそう思うのですか？　わかるはずがありません。思うはずもないでしょう。いや、それどころか、生じていないのです。それがわかったり、そう思ったりするためには――というより、生じているという見方を受け入れるためには――自分の脳を観察する自分とそれ以外の自分の意識を体験する自分との関係を、一般的な「第三人称視点と第一人称視点の関係」として理解するという、とんでもない巨大な飛躍が必要とされるのです。心‐身の亀裂以上の巨大な亀裂を、まずは超えなければならないのです。われわれは言語によってその飛躍をすでに実現してしまっています。（だからこそメアリーの話も理解可能だし、それをゾンビ・メアリーに拡張可能でもあらざるをえないわけです。）そのことによって心身問題という問題の立て方も可能になっていますが、しかし、そのことによって、何が問われずに前提されるようになってているか、われわれは何を前提してしまっているのか、それこそが心身関係の問いにおいて哲学的に問われるべき本当の問いなのです。そこをすっ飛ばしてしまえば、すべては砂上の楼閣です。

現象判断のパラドクスと神の存在論的証明

ところで、チャーマーズのゾンビ理論は随伴現象説を含意しているとして批判されることがあります。随伴現象説では、意識は物理現象の結果としてそれに随伴するだけで、原因となって物事の進行に影響を与えることができません。自分自身の意識に言及する場合を考えると、これはちょっと変なことになります。実際に痛みを体験しているときに、私が「痛い」と言ったとします。なぜそう言ったかといえば、実際に痛かったからです。私はただ自分の感じていることをそのまま言っただけです。さて、私のゾンビ複製体も同じことが言えます。しかし、彼の「痛い」という発言は、体験していることの報告ではないでしょう。彼は何も体験していないのですから。すると彼の発言は、その発言を引き起こした、彼の脳の物理的過程によって説明されます。

でもそうだとすると、私の発言だって同じ仕方で説明されなければならない。なぜなら、まったく同じ物理的過程が私の脳の中でも進行していたはずだからです。それが十分な原因になるなら、痛く感じることはなくてもいいことになります。体験そのものは、発言の原因になっていない、因果的に必要のない、単なる随伴現象にすぎないことになる、というわけです。

しかし、これは「実際に痛みを体験する／しない」ということを実体化し、対象化し、実在化するところから生じる、架空の問題である、と私は考えます。私が自分の「感じた」ことをそのまま言ったのなら、ゾンビ複製体も、彼が「感じた」ことをそのまま言ったはずです。彼もまた「体験」しているはずだからです。そして、彼の発言も私の発言も、それを引き起こした物理的過程によって同様に説明されます。何の問題もありません。痛く「感じる」ことがなくてもよいことになど、決してならないのです。どちらの場合にも、「体験」そのものが発言の原因になっているからです。

しかし他方で、物理的であれ心理的であれ、まったく因果過程に関与しない種類の事実は実在します。たとえば、現在であることや私であること(ただしどちらも最上段の意味で)がそれです。(もう一つ付け加えるなら「現実世界であること」もそうですが、それはまた別に論じるべきことでしょうね。）しかし、一般的な（最上段でない）意味での現在であることや私であることなら、因果系列に組み込むことが可能で、しかも、最上段の現在や私といえども、言語によって必ずそのように位置づけ直されるわけです。（別に論じるべき話で言えば、この現実世界もただ自世界に言及する限りにおいて「現実」とされる諸可能世界の一つにすぎない、ということです。）

この問題と関連して「現象判断のパラドクス」という面白い話題がありますので、最後に、それについて検討して終わりにしましょう。

さきほどの「痛み」の例のように、われわれは自分の意識を自覚し、それに判断をくだしますね。ここで「判断」を「信念から現象的質を取り去ったときに残る、純粋に心理的な状態」と定義します。判断は、現象的でなく心理的なので、ゾンビでもできます。ここでチャーマーズは、意識体験にかんする判断を三種類に区別しています。第一次判断は「それは赤い」とか「足が痛い」のような、意識体験に随伴する判断です。しかし、もちろん体験そのもののではなく、体験の対象にかんする判断です。その対象は意識そのものではなく、外界や内界の出来事や物やその性質であるのが普通ですね。第二次判断は「私は今、赤いという感じがしている」といったもので、体験の対象にかんする判断ではなく、体験そのものに向けられた判断です。第三次判断は「意識というのは不思議だ」とか「意識は言葉では表現できない」のような、意識や体験というもの一般についての判断です。

さて、体験そのものは現象的ですが、判断は心理的なので、通常の認知科学の方法で、物理的事実に還元して説明することが可能なはずです。このことから、不思議なことが起こります。以下の例はチャーマーズによるもので、中の「私」は彼のことを指しています。そのことを考慮に入れつつ、聞いてください。――私が会話の中で「この世界で意識ほど不思議なものはない」と言えば、それは何らかの原因によって引き起こされた行動です。その発言の原因は、脳内のニューロンの発火でしょう。ですから、このプロセスはゾンビでも同じです。彼に起きているすべては私にも起きており、すべての科学的説明は、客観的に説明できるすべては、私と彼とに同様にあてはまります。つまり、意識そのものはつねに、たまたま伴う随伴現象にすぎないわけで、私の行動の説明もまた私の意識と無関係に成り立ちうるということになります。私のゾンビ複製体は、痛みの微妙なニュアンスについても語りますし、自分が特別に好きな色や味についても語ります。唯物論を唱えるゾンビに対して論争をいどみ、意識の存在はたしかで、それは物理的な性質に還元できないとも主張するでしょう。彼がそういう主張をするに至る因果的必然性はちゃんとある。このとき、彼は偽なる主張をしているのでしょうか？

ここで重要な事実は、彼は自分には機能的・心理的事実のほかに、彼が「意識」と呼ぶ事実があると判断し、信じているということです。もちろん、この判断や信念は、現象的ではなく心理的な事実です。これがパラドクシカルであるのは、意識にかんする判断、信念、主張だからです。そうでなければ、心理的レベルの機能的説明ですませて、まずいところはないでしょう。意識にかんする第一次判断についても、まずいところはない。それは、直接意識にかかわるものではなく、世界の状態にかかわるものなので、意識という媒体を通り越して短絡させることができるからです。ところが、第二次、第三次の判断になると、判断の対象が体験それ自体だから、それがないとなると、おかしなことになるのです。

さて、私がこの問題に対してどう答えるかは、もう誰でも予想できるでしょうから、ここでは繰り返しません。それは、ジャクソンのメアリーやネーゲルのコウモリに対するものと同じです。しかし、それにもかかわらず、この「現象判断のパラドクス」

という問題が、一般に考えられている以上に根の深い哲学的問題に通じているということは強調しておきたいところです。それはたとえば、一見馬鹿げて見える、神の存在にかんする存在論的証明がなぜ重大な問題であったのか、ということに呼応しているのです。つまり……、「〈神〉は完全(あるいは最大)であるがゆえに、その「概念」からして《存在》を含んでいる、ゆえに、神は《存在》する」という主張は、「〈ゾンビ〉は「機能的・心理的」に《現象的な意識》を持つ、ゆえに、ゾンビは《現象的な意識》を持つ」という主張に対応しているのです。ゾンビが自分には「意識」があると言うとき、その「意識」概念は機能的性質だけを指しているはずですが、しかし彼自身は「機能的性質だけを指しているのではなく、意識そのものを指している」と、どこまでも言い張るでしょう。まさにそのことがその機能だからです。彼の言い張りは意識そのものには決してとどかない、という主張は、ガウニロやカントの(神の概念は神の実在に決してとどかないという趣旨の)存在論的証明批判に対応しています。しかし、それならなぜ、ふつうの他者の言い張りはそれにとどく(とされる)のでしょうか？　概念や機能ではとどかない、ただ実在する〈神〉は、どこに認められるべきなのか、それが問題になるのです。

シドニー・シューメイカーの反論を取り上げてみましょう。彼はチャーマーズと同じ論拠から逆の結論を出しています。それはこういう議論です。われわれは自分に意識があると判断している。しかし、もしゾンビが可能なら、意識のないゾンビも同じ判断をするのだから、意識の存在はその判断の形成に関与していないことになる。とすると、われわれはじつは自分の意識にアクセスできず、したがって自分がゾンビであるかどうかを判断する能力もないことになる。ゆえに、――とシューメイカーはこの議論を帰謬法的に使って――ゾンビは不可能である、と結論します。

つまり、存在論的証明は贋物の神の存在も証明してしまうから間違った証明である、というわけです。しかし、それは本当に贋物なのでしょうか。それが贋物なら、われわれが実在すると信じている神も、最初から贋物でしかありえない、という可能性もあるのではないでしょうか。

私は「意識の存在はじつに不思議だ」と語る他人の発言を「心理的」な水準でしか受け取ることができません。彼あるいは彼女の「意識」を私は知りませんから。いや、知らないのではなく、知っているとも言えるのですが、知りうるかぎりでは「心理的」でしかありえないのです。しかし、より重要なことは、私自身が「意識の存在はじつに不思議だ」と語るとき、私は私のその発言を「心理的」な水準でしか伝えることができない、ということです。「他者の心の問題」に対する答えはこれしかない、と私は思いますよ。つまり……、私が「他人にもこれがあるのか？」と自問したとき、正しい答えは「その問いが客観的・公的な意味を持ちうるかぎり、私にもそれはもうない」でしょう。私自身もまた、伝わる「これ」など持っていないのです。語ることによって、私はいわば存在する神を殺して、存在論的証明レベルのゾンビになるわけです。だから、他人はひょっとしたらゾンビなのではないか、という懐疑論に対する答えは──「その問いはゾンビでも問える問いだ」ではもはやなく──、「その問いは、理解可能なかぎり、もうすでに必然的にゾンビの発する問いだ」というものであるはずです。

だから、われわれはもうみんなゾンビなのです。人々と交流し、自分の意識や体験について語るとき、われわれの神はもうみんな死んでいるのです。だから、このうえさらに特別にゾンビである人が存在することなどはありえない。ゾンビ仲間の中のさらなるゾンビなんて！

しかし、こうして成立したわれわれゾンビ共同体の全体を「ゾンビでない」とする、新たな定義が誕生したなら、つまりわれわれが共通に「現象的な意識」という不可思議なものを持つという、共通了解が作られたなら――それはわれわれの言語が見せてくれる新しい夢なのですが――、このさらなるゾンビが可能になります。それは決して理解不可能な概念ではありません。だって、われわれはもうゾンビでないものとゾンビの対比をよく知っているのですから。つまり、この概念はただ累進構造によってのみ理解可能になるわけです。

「あなたは、自分だけはゾンビでないと密かに信じているのではないですか？」などとはもう言わないでくださいね。われわれの問いが言語で語られているかぎり、そんな逃げ道はもうないのですから。どう「密かに」信じればいいのでしょうか？

さてしかし、ここで私の言っていることが、チャーマーズの元来の問いからかけ離れてしまっている、という批評がありうるかもしれません。しかし、そうではありません。彼もまた、じつはこの問題にからめ取られて、そこでもがいているのです。彼は「しかし、たとえまったく体験が欠如していたとしても、やはりその信念は形成されていたはずだ！」という問いに、こう応答しています。「このケースでは、私は自分の信念を証拠立てる確証を持っている。すなわち、体験との直接的面識がある。そして、別のケースでは、それがない」(『意識する心』二五一頁下段、強調は原文)。この違いが決定的なのだ、と。そしてまた、「きみのゾンビ複製体だって同じことを言うだろう!」という問いに対しては、「そのことが示しているのは、私と彼は第三人称の視点からはまったく同じである……ということにすぎない。……しかし、それは私が第一人称の視点から自分に意識があることを知りえないことを少しも意味してはいない」(同書、二五二頁上段)。

この応答は哲学的にあまりに幼い。すでに言ったように、私の批判は、次の一言に尽きます——あなたの言わんとすることは言えない。その理由はもう繰り返す必要がないでしょう。ただ、私がこの哲学的洞察をもっぱらウィトゲンシュタインから学んだという事実は、ぜひとも強調しておきたいと思います。私は「言語ゲーム」とは要するにこのことだと考えています。それにしても、あれほど猖獗を極めたウィトゲンシュタインの哲学が、当の英米圏で、これほど瞬く間に忘れ去られてしまうとは、ただ驚くばかりです。哲学の民主化によって、真に重要な——えもいわれぬほどに本質的な——哲学的洞察こそが伝承されにくくなっているのではないか、チャーマーズのこの応答の異様な「幼さ」のうちに私はその疑念を感じます。

質疑応答

――クオリアの逆転のお話のときには、私自身であっても、そのような逆転の報告を他者に対してするときには、その発言はそういう機能を持つロボットと同じことしか伝えられないのだ、とおっしゃいましたし、その後のメアリーのお話のときには、私自身がメアリーであったとしても、その私が発する「色とはこんなものだったのか！」という発言は、ゾンビでも言えることとしか言えていないのだ、とおっしゃいました。それはそうなのでしょうけど、それでもやはり違いはあると私は思うのです。

どう表現したらいいのか難しいのですが、いわばその発言をする際の原動力のようなものに違いがあるではないか、と思うのです。ロボットやゾンビには、それをぜひとも言いたいという原動力がないでしょう。自分に起こったことに対する驚きもないでしょうから。彼らはただしようと思えばそれを報告することができるというだけでしょう。それに対して、私に起こったのであれば、ただ冷静に報告することなんてとてもできないと思うのですよ。こういう違いの存在が根源的なのではないでしょうか。

その指摘で問題が進展したと思うのは早計です。今のあなたのその発言にも、そこでの議論とまったく同じ問題が再び生じるでしょうから。ロボットやゾンビでもそういう機能——あなたの言う「原動力」や「驚き」の機能——がそなわってさえいれば、彼らもまた今あなたが言われたこととまったく同じことを言うでしょう。

こう言ったからといって、私はあなたが言ったことが間違っていると言っているのではありませんよ。そのこともまたあなたの意図どおりには言えないのではないか、と言っているのです。

——やはりメアリーについてなのですが、彼女はその部屋の中で物理学的知識だけから「赤」を作れるというお話でしたが、彼女がそのやり方ですべての色を作って自分に見せた後でその部屋の外に出たら、なんと驚いたことには、自分が「赤」と呼んでいた色は外界では「青」と呼ばれており、「青」と呼んでいた色は外界では「赤」と呼ばれていた等々、すべてがそのようにずれていたとしたら、どうなりますか。

それはちょっと感動的な話ですね！　それこそまさにプライベート脳科学者の悲劇でしょう。彼女に欠けていたのは、第〇次内包ではなく第一次内包だった、ということになりますね。その種のお話から、第〇次でも第二次でもない、第一次内包の根源性を主張できる可能性があります。しかし、今の話からそれが言えるのは事例が色だからであって、事例がたとえば痛み、痒《かゆ》み、くすぐったさ……だったら、そう簡単に第一次内包の根源性は言えないのではないでしょうか。色メアリーの代わりに痛みメアリーの場合で、同じ問題を考えてみてください。

――物理的には同じなのに意識的には違うという想定ならば、もう一人別のゾンビ複製体や逆転複製体がいる、などという想定よりも、同じ一人の人間身体に、二つの人格が宿っていて、同時に二つの違うクオリアを持つとか、片方は意識があって片方にはない、というような想定の方が、ずっと理解しやすいと思うのですが……。

同時二重人格の想定ですね？　その場合は物理的基盤が数的に同一なので、本当はどこか少し違うのではないか、といったよけいな心配が入り込む余地がなくていいですね。一つの身体が、同じ一つの視覚器官と脳を使って、同じ角度から同じものを見ている。そして、その身体に宿っている一つの人格が「真っ赤だね！」と言うと、もう一つの人格も、「そうだね、真っ赤だね！」と言う。しかし、見えている色がじつは逆転しているとか、片方はじつはゾンビで何も体験していないとか、そういう想定ですね？　私は、その想定はとても面白いと思いますよ。

それでいろいろなことが考えられますが、しかしなんといっても最重要のポイントは、そのうち片方が私だったとすると、もう一方のやつがゾンビであることと単に私でないだけであることのあいだに、実質的な差異がないことですよ。同じ身体の使用権(とくに口の)を奪い合って活動しているのに、なぜかこっちは俺で、なぜかもう一方のやつは俺じゃないやつだ、この根本的な差異の成立の不思議さに比べれば、ゾンビなんて想定は、むしろチャッチい。だって、もう一方のやつは実質的にもうゾンビじゃないですか？　いったい何がこの差異を成立させているのでしょうか？　そいつが、そのうえ、さらにゾンビであったとしても、何か付け加えたことになるでしょうか？　まずはこの問いが問われるべきでしょう。

――それはつまり、他人にかんしては、ゾンビとゾンビでない人に違いはない、ということですか？

いや、だから、それは後から可能な差異に変わるんですよ。でも、最初にあるのは、その差異ではない。時間との類比の話で言えば、現在と現在でない時点との差異は最初からはっきりとあります。誰でも知っていることです。しかし、その差異は、どの時点をとっても、その時点が現在である場合の、それ以外の時点との違い、という意味にすぐさま読み替えられる。「私」という問題についても、まったく同じことが言えます。いろいろな説明の仕方をしてきたので、こんどはこの構造を、大陸系の哲学にくわしい人たち用に表現してみます。最初にあるのは(ハイデガー的な)「存在論的差異」にあたる原初の差異なのですが、われわれの言語的世界のうちには(デリダ的な)「痕跡」にあたる像しか残すことができない、とね。実際、存在論的差異は痕跡化される必然性があると思いますよ。

――そんな「ポスト・モダン」みたいな言い方ではさっぱりわかりません。

それでは、近代哲学にくわしい人たちのためにライプニッツの用語を使って言い直すなら、これは「神の意志」と「神の知性」という最も根源的な差異が、「神の知性」の内部の差異に変質することにあたります。こちらもさっぱりわからんという人は、哲学史の勉強をするか、手っ取り早くは、私の『私・今・そして神――開闢の哲学』の第二章を読んでください！

――意識の私秘性という話が何度か出てきましたが、すべて時間との類比から論じられているわけですから、意識の今秘性というのもあることになりますね？

いいえ、今秘性はありません。他人のクオリアを直接感じることはできませんし、日記に自分のクオリアを書き留めることもできませんが、記憶は自分の過去のクオリアに直接とどくからです。つまり、自分が感じた痛みの質そのものを覚えていたり、思い出したりできるのです。だから、同時であっても他者のクオリアの逆転は決して発覚しないのに、過去のある時点での自分自身のクオリアの逆転は、現在の自分に伝達されることが可能なのです。ゾンビであることにかんしても、同じ対比が成り立ちますよね？　他者がゾンビでも決してわからないけど、自分が過去のある時点でゾンビだったら、現在の自分がそのことを知ることが可能なのです。したがって、記憶が言語的であるという主張は誤りでなければなりません。もし記憶が本当に言語的だったら、意識の今秘性が成立してしまい、われわれは過去の自己に対して他者になってしまうので、結局のところ、ほとんどゾンビであるのと同じになるからです。現在においてだけ現象的な質を体験しても、それを保持できなくなりますから。そうなったら、自己同一性の、つまり自己が同一的であるということの、重要な感覚が失われるでしょう。要するにわれわれは、自己として、過去の自己と現象的につながっているのでなければならないのです。そうでなければ自己的なつながりの重要な要素が失われるからです。そして、ゾンビもまた一個の人格であるかぎり、このことはゾンビにもあてはまらなくてはならないのです。

——われわれがみなもうゾンビなら、それと同じことで、どの時点もみなもう今ゾンビなんじゃないでしょうか。

未来に向かって「今」とか「現在」とか言う場合はそうなるでしょうね。それが未来に読まれたり聞かれたりすることが前提であるとすれば。しかし、過去に対して「今」とか「現在」とか言う場合はそうではないでしょう。過去はそれを読んだり聞いたりできませんから。

同じ問題を「現実」で考えてみると、その違いの意味がはっきりするでしょう。「私」や「今」と違って、「現実」の場合だけ、この世界が唯一の本当の現実世界であり続けられるのは、他の世界との言語コミュニケーションが現実にはなされないからですよね。なされたなら、そのことによってこの世界も可能世界の一つになるでしょうから。

――でも、その「現実に」も累進しませんか？

ええ、しかし、そこまで行くと、累進するかしないかも累進するんですよね。

——同時二重人格の話と右目で見える色と左目で見える色が違うという話とを結合してみます。右目で見える色と左目で見える色が違っている場合に、ある日、右目が見える人と左目が見える人との二つの人格に分裂したとします。そのとき「俺とあいつは見える色が違っているはずだ」といえませんか？　反対に、はじめはそういう同時二重人格状態だったのに、それが解消して、両目で見える色の違いが比較できるようになったら、「ああ、そうか、俺とあいつは見える色が違っていたんだな」といえませんか？　この場合、記憶にあたるものが他者との間にできたと考えることはできないでしょうか？

最初のケースで、「俺とあいつは見える色が違っている」とはいえません。あいつの見ている色は見えませんから。第二のケースでは、「俺とあいつは見える色が違っていた」とはいえません。あいつが見ていた色は私には見えませんから。最初のケースでは、「かつて両目が使えたとき、俺は右と左で違う色が見えていた」といえるだけです。第二のケースでは、「いま、俺は右と左で違う色が見えている」といえるだけです。

――同時三重人格の場合はどうでしょうか。同じ一つの身体にA、B、Cという三つの人格が宿っているとして、たとえばCにとって、Aは違うけどBはゾンビなんじゃないか、なんて問いには意味がない。その点はその通りだと思います。それでも、Cにとって実質的な意味のある懐疑がありうるし、ありうるどころか、きっと実際にその懐疑を持つだろうと思うんです。それはですね、AとBは本当に二人なのか、ひょっとしたら本当は一人なのに、二つの別々の人格を装って自分(Cのことですよ)をだましているのではないか、という懐疑です。Cがその真偽を調べる方法はないと思いますが、そうであるかそうでないかには明らかに実質的な違いがありますよね？

素晴らしい！　それは真の問題です。Cだけでなく A も B も、それぞれ自分が他の二人と別の人格であることだけははっきりわかる。他の二人の言うことは耳から聞けるけど彼らが感じることは感じられない、といった明白な根拠によって。しかし、他の二人のあいだにも、自分と他の二人のあいだにあるそういう深い存在論的断絶と同じ断絶があるのかどうか、それはまったくわからない。いや、それは現にない、ともいえる。いまは、現にあるその断絶のことを問題にしているのですから。しかしまた、実はある(またはない)のだが自分にはそれがわからないだけだ、とも考えられる。なぜなら、それがある場合とない場合とでは——ゾンビの場合と違って！——現実に意味のある違いが生じるからです。

あなたが言おうとしたことがこういう問題であるなら、それこそが最も本質的な問題です。私が、私と私以外の人とのあいだに成り立つその対立を、形式化して保存しておいて、私以外の人どうしのあいだにも成り立ちうる対立とみなす、というまったく驚くべきことが問題になっているからです。絶対にできないはずの——何しろそのできなさこそが問題の出発点だったはずですから——ことが、実のところはいともやすやすとなされてしまっている、それが問題の根源です。そして、それが累進構造という問題です。やすやすとなされてしまっているからこそ、われわれは自己と他者の関係なんぞという一般論を平気で問題にできてしまい、そのうえ、いまここで論じているような問題さえも——うまくいけば——共有できてしまうわけですから。

――私と私以外の人のあいだに成立するのが独在性の問題で、私以外の人どうしのあいだに成立するのが私秘性の問題ということでしょうか。そのどちらにも関係すると思うのですが、私が問題にしたいのはむしろ独在性や私秘性の成立根拠の分類なんですよ。たとえばＡが、Ｂの感じることも感じられるけどＢの行為の意図は知ることができず、逆にＣの感じることは感じられないけどＣの行為の意図は知ることができる、というようなことがありうるんじゃないか、と思うんです。この問題は独在性とも私秘性とも重なる面があると思いますが、その分類とは問題点が違うので、別人性とでも呼ぶことにするなら、そもそも別人性が成立する根拠は何か、ということが知りたいのです。

それはじつは微に入り細を穿《うが》った検討を必要とするとても複雑な問題だと思います。たとえば、あなたはいま、ＡはＢの感じることが感じられると言われましたが、どうしてそうだとわかるのか、あるいはどうしてそう思うのか、という問題があります。Ａは自分の感じるそれがなぜＢの感じているものと同じであると思うのか、また逆にいえば、それが同じであるなら、それでもなぜBという他人が存在すると信じているのか、という問題です。あなたの設定を借りて後者の問いに答えるなら、それはおそらく、Bの行為の意図を知ることができないから、なのでしょう。たとえばAは、その感覚についての自分の意志に反する論評が自分の口から発せられるのを聞いて、そうした発話意図の主体をBと名づける、といったことでしょう。発話意図は独立であっても、彼の言語描写から感じている感覚そのものは同一であると推定される、というようなことでしょうか。

　これだけの設定でも、論じるべき問題が山積みで困ってしまいますが、あなたの問題提起の線に沿って考えるなら、感覚と意図のあり方の違いという問題がありますね。それだけでも複雑ですが、問題点をはっきりさせるために思い切って単純化しましょう。感覚は二人の人が同じ感覚を持つことはありえない。人が違えば必ず別の感覚です。対して、意図は、二人の人が同じ意図を持つことがありうる。この対比の意味が理解できるなら、まずはそれを受け入れてください。ところが他面では、他人の感覚を知ることはその感覚を持つことですが、他人の意図を知ることは自分もその意図を持つことではない。つまり、感覚にかんしては単に知るだけということがありえず、知ることと持つことが直結してしまう。言い換えれば、感覚の場合は知れば自分の感覚ですが、意図の場合は知るだけでは自分の意図ではない。

このことを手掛かりにして、あなたの言う「別人性」の問題を考えると、異なる二種類の別人性があることになるのではないでしょうか。感覚の別人性と意図の別人性、もっと一般化していえば、感じることの別人性と思うことの別人性です。しかし、片方しか持っていない場合の思考実験をしてみると、意図の別人性の優位性が明らかになるのではないでしょうか。すなわち、たとえ感覚を完全に共有していたとしても、私の知らない別の意図からの行為が、発話行為も含んで、なされたなら、それは別人の存在を信じる根拠となるでしょうけど、意図を完全に共有している場合、つまり一つの意図で統合されている場合、同じ身体において、私の知らない別の感覚が感じられているとしても、それは別人の存在を信じる根拠とはならないのではないでしょうか。

ゾンビという問題はまさにこの落差を根拠にして立てられていますし、自由意志の存在という問題も、このことに関連しています。要するに、別人性の本質は別の自由意志の存在である、ということになります。その自由意志がじつは物理法則によって決定されているかどうか、といった問題はこの場面では本質的な関連性がないです。なぜなら、その「じつは」の「じつ」は、通常は知ることができず、そして何よりも、どんなに頑張っても知ることしかできないのですから！

　この話は、もっと話せばきりがないほど豊かな中身をもっていますし、さらに重要な記憶という問題を度外視してもいるので、まったく不十分なのですが、すべてを論じる時間はないので、ここではただ一点、この講義全体に関連する最重要のポイントだけ確認しておきましょう。

　それはですね、ひょっとしたら驚かれるかもしれませんが、いま別人性という問題と関連して論じてきたこういう議論は——その他のこの種の議論もみなそうなのですが——、独在性の問題とはまったく関係ない、という点です。独在性の問題は、どういう根拠によってであれ、端的に私である者が現に存在してしまっている、そしてどういう根拠によってであれ、そいつとは区別され、そいつとはまったく異なるあり方をしている(にもかかわらず)同じ種類に分類される者も存在してしまっている、という事実にかかわるからです。この不可思議な事実性の問題を概念化したのが独在性です。

この事実性を無内包の現実性と性格づけることができます。なぜ無内包なのかといえば、端的に私である者が存在するかしないか、存在するとすればどれがそれか、という問題に、そいつがどんなやつか、つまり、いかなる特性を持っているかは、いっさい関係しないからです。なぜか私であるやつがいるだけで、なぜそいつなのかはまったくわかりません。もちろん、関係的な特性についても同じことがいえますから、なぜか私であったそいつが、どういうわけか一つの身体に宿る三重人格の一人として存在していて、どういうわけか他の一人となぜか感覚だけを共有していたとしても、そんな内容とはまったく無関係に、私はなぜかそいつである、ただそれだけのことなのです。

私秘性とか別人性とか、そういった性質は、直前の質問に答えて言ったように、独在性の一般化から生じます。私と私以外の人とのあいだに成り立つその対立を、形式化・概念化して、私以外の人どうしのあいだにも成り立ちうるような対立とみなす、という累進構造化です。実のところは、独在性を累進構造を度外視して平板化して捉えるというやり方でないと、別人性や私秘性の問題は最も重要な側面が取り逃がされてしまうのではありますが。それでも、別人性や私秘性にはそれはそれで独自の意味があります。独在性は現実性だけの問題なので本質構造の問題は埒外に置かれるのに対して、別人性・私秘性という形にすれば、たとえばここで論じてきたような問題が論じられて、それらはもちろん独在性にもあてはまるからです。

――コウモリ脳科学者の話のとき、脳を観察する自分と意識を体験する自分との関係を、一般的な「三人称視点と一人称視点の関係」としてとらえるという巨大な飛躍が必要だ、という話になって、その飛躍を、われわれはもう言語によって実現してしまっている、と言われたのですが、言語にはなぜそんな途方もない力があるのですか？

私は、まさにその問題を考えているのですが、しかしそれは、この連続講義ではまだ扱えない巨大なテーマなのです。ヒントだけ言っておけば、言語にその力があるというより、むしろその力こそが言語なのだと、私は考えています。つまり言語とは、世界を人称的かつ時制的に把握する力なんですね。そのことによって、客観的世界というものがはじめて成立する。何度か書いたあの図表は、一面ではそのことを示しているのです。

――べつにコウモリ脳科学者でなくて普通に人間でもいいんですけど、とにかく自分の脳状態と意識状態との対応関係を研究しているプライベート脳科学者がいたとして、その人が他人の場合も取り込んだパブリック脳科学者になるには何が必要なのでしょうか。言語だけあればパブリックになれるのですか？

その言語がパブリック言語であれば、なれますよ。というか、最初からなっていますよ。そしてパブリック言語であるとはこの場合――第二次内包を前提してしまうわけにはいかないでしょうから――第一次内包言語であるということですね。レモンを食べたときに感じる味としての「酸っぱさ」とか、蚊に刺されたときなどに感じて、掻くことによっておさまる感覚である「痒み」とか、そういったもので、この場合、他人もレモンを食べたり蚊に刺されたりしたら同じ感覚を感じることは前提にされていますから。ですから、「痒み」は、あるいは「酸っぱさ」は、脳のどんな状態によって引き起こされるか、といったような問いが安んじて立てられるわけです。

しかし、その言語がプライベート言語、つまり第一次内包と関連づけられていない第〇次内包言語であるなら、それは駄目ですね。第一次内包と関連づけられていない第〇次内包言語とは、これは「かまい」、これは「ろましい」、これは「しくい」、これは「こじむい」、……といったように、自分が感じる感覚とだけ対応させて、それらにプライベートな名前を付けていく言語です。こういうプライベート言語が言語としての機能を果たしうるか、という問題がいわゆる「私的言語の可能性」の問題ですが、これについては永井均『哲学の密かな闘い』(ぷねうま舎、二〇一三年)の第Ⅳ部「言語」を参照してください。

――何度かウィトゲンシュタインの名前を出されて、貶されたり褒められたり、評価がはっきりしないように思うのですが、それでもやはり、この講義はウィトゲンシュタイン哲学を基にしているのですか?

それは、yes and no です。私はウィトゲンシュタインから大きな影響を受けましたが、彼の哲学に対して究極的には否定的です。彼は『哲学探究』の二五三節で、こんなことを言っています。「この問題について議論しているとき、ある人が胸をたたいて「でも、他人はこの痛みを感じることができない！」と言うのを見たことがある。――これに対する答えは、「この」という語を強調して発音してみせても、同一性の基準を定義したことにはならない、というものである。むしろ、このような強調は、そうした基準はよく知られているのに、それを思い出させてもらわなければならない場合がさもあるかのように見せかけているにすぎない」。

　私は、ウィトゲンシュタインの洞察は、きわめて鋭いけれども、事柄の一面でしかないと思います。私が私の胸をたたいて、「この痛みは誰にもわからない」と言ったとき、相手の人も自分の胸をたたいて、「それはつまり他人はこの痛みを感じることができないということを意味しますね？」と言ったとします。ウィトゲンシュタイン的には、答えは「そのとおりです」となるはずです。なぜなら、痛みの同一性の基準は人物(person＝人称)の個別性が与えていて、最初の私の発言もそれに則っているにすぎないからです。しかし、それは事柄の一面で、さきほどの言い方で言えば、言語が世界を人称的に把握して、人称的世界が成立した後の話なのです。それ以前の段階のとらえ方を言語で表現すれば、「いいえ、違います。他人が感じることができないのはこの痛みです。決してその痛みではありません」となるでしょう。相手がもう一度私と同じことを言ったとしても、その発言もまた——どこまでも——否定されるのです。そもそも二人が「同じこと」を言っているということ自体が認められません。これは小さな問題だと思うかもしれませんが、これに徹するとおよそ言語は成立しない。チャーマーズが使っているような「意識」や「体験」や「現象」や「クオリア」といった概念は、もちろん成立しません。しかし、私は(あるいはウィトゲンシュタインが見た人物は)まさに言語のその不成立を——あるいは挫折を——語ろうとしているのですよ。そして、まさにその挫折とコミになってでなければ、それらの概念はチャーマーズらの意図どおりには働かないはずなのです。この言語の不成立と成立の関係こそが問題でしょう。それを究明せずに、いきなり文法的な基準なんか持ち出したって駄目ですよ。

——ハイデガーは、他者と決して共有できない「死」こそが他者との根源的な共同性を作り出す最後の紐帯だと言っています。この話は、しばしば情緒的に読まれてしまうのですが、たぶん本当はそうではなく、死が特別であるのは、それが文法的な同一性の基準を超えた、共有できないどころか他の同種のものと並列されることも不可能な、無内包の現実性の水準を、それが指し示すからだと思うのです。彼の言う「存在」がそこに辛うじて開示されるわけです。いま問題になっているのは、そういう種類の問題であると理解してよろしいでしょうか。

並列不可能なものの、並列不可能性による、並列ですね。ハイデガーについては、あまり知りませんが、その点は、たぶんそうなのだろうと思います。ウィトゲンシュタインにかんして言えば、痛みについてのこの議論は、彼の意味での「独我論」の問題と同型なのです。たとえば、中期の彼は、「率直に言えば、私には他の誰にもない何かがあると言わざるをえない」「私の私的経験には、最も重要な意味で隣人がいない」と主張する独我論者を登場させて、彼にこう答えています。「だが、君はそれがたまたま孤独だと言ってはいないのだ。君が言っているのは、それの文法上の位置が隣人を持たない位置にあるということなのだ」とね(『ウィトゲンシュタイン全集6』大修館書店、一九七五年、三二三頁)。この見解はさきほどの「同一性の基準」の場合と同型です。しかし私見によれば、この「文法上の位置」は本性的に不安定で、そのことがチャーマーズのような哲学的見解の根拠(あるいは温床)になっていて、それには深い根拠があって、ただこのような「治療」ですむような生易しい問題ではないのです。

――この講義で、チャーマーズという人は、最後に「幼い」とさえ言われていて、ただ批判されるためだけに使われているように思われますが、それでも彼の議論を問題にすべき理由はあるのですか?

彼の言っていることを批判するという形でなければ表現できない問題が存在するのです。そういう意味では、ただそういう意味でのみ、彼の言わんとすることは言えているのです。声を大にして付け加えておかなければならないことですが、そういう種類のことをはっきり言ってくれた哲学者というのは、哲学者としてはとても偉いのですよ。だから、「幼い」というのはただの悪口ではないのです。誰かが自分の幼い直観を思い切って語り出さなければ、哲学は結局、学力自慢で勉強好きの秀才たちの手で、どこまでも無駄に複雑なものになり続けるだけでしょう。つねに業界外からまったくの素人の直観を持ち込まないと、ひたすらただソフィスティケートされていってしまうわけです。哲学業界全体を敵に回す勇気がなければ、哲学なんてできるわけがない、という逆説が成り立つわけです。もっと言えば、哲学の伝統全体を敵に回す覚悟が……、という逆説です。講義の最後で言ったことと、いま言ったことは、矛盾していると思いますか？　私はそうではないと思っていますけど。

第3日　なぜ意識は志向的なのか

人称化と時制化による客観的世界の成立と志向性

前回の講義のとき、ウィトゲンシュタインにかんする質問がありましたね。あれを思い出してください。あのとき、想定の中で登場した私は、こう答えていましたね。「いいえ、違います。他人が感じることができないのはこの痛みです。決してその痛みではありません」と。その後で、独我論の話をしましたが、あのときはあくまでもウィトゲンシュタイン哲学についての議論で、同一性の基準を持ち出すことと文法的位置を持ち出すことの関係を示したのでした。で、今回はもっと端的な類比を作ってみましょう。

私が「私には他の誰にもない何かがある。私の私的経験には最も重要な意味で隣人というものがいない。それどころか、私だけ表裏が逆になっている」と言ったとしましょう。今度の相手はこう答えます。「その通りだ！　たしかに、私には他の誰にもない何かがある。私の私的経験には最も重要な意味で隣人というものがいない。それどころか、私だけ表裏が逆になっている！」と。私はこう応答するでしょう。「違います。他の誰にもない何かがあると言わざるをえないのは私です。その私的経験に最も重要な意味で隣人というものがいないのは私です。表裏が逆なのは私です。あなたではありません」。私は、そもそも二人が同じことを言っているということ自体を認めないのです。

このような問題提起は、出発点がいわゆる独我論的世界観になっているので、どうしてもそちらに目を引かれてしまうのですが、本当はそれが問題なのではないのです。たいへん不思議なことなのですが、「独我論」ということを問題にする哲学者は多いのに、それがなぜ哲学的に重大な問題なのか、ほとんどすべての哲学者がほんの少しも理解していません。ウィトゲンシュタインを除くすべての哲学者が、ただひたすら的はずれなことを言い合っているのです。

問題の本質は、この「私」のような応答の見地に立つかぎり、およそ言語が成立しない、ということにあるのです。しかも、その言語を成立させない方の見地にも、十分な合理性があるのです。世界は事実そのようにできているからです。それが問題のすべてです。ですから、出発点は、「世界は、事実として、なぜか、私の目からしか見えない」でもよければ、「体を殴られると本当に痛いのは私の体だけだ」でもいいし、「自由に動かせる体はこれだけだ」でもいいのです。これは、疑う余地のない、端的な事実です。だから、私は、他人がそれとまったく同じことを言ったとき、そいつの発言を端的に否認しなければならないのです。あたりまえでしょう? だって、その否認こそが最初の発言の趣旨だったわけですから。

問題の意味がわかってもらえるでしょうか。これは、煎じ詰めればこういうことなのですよ。私が「私は……」と言って、それに答えて相手が「私は……」と言ったとしましょう。このとき、私は「私は私です。あなたではありません」と答えるのです。ここには「他者の心の問題」なんか介在していないのです。相手がゾンビかどうかなんて問題は関係ないのです。そんな問題はこの問題の後からしか成立しようがないのですよ。ともあれ、そいつは私じゃない(こいつが私だ。なぜだかわからないけど、事実そうなっている!)。それがすべてです。ところが、このような端的な事実に徹すると、言語は成立しないのです。ウィトゲンシュタインが提示した二人の登場人物は、言語の働きに逆らっているのです。それを読み取ることが大切です。

ところが、そのように注意すると、こんどは逆に、すぐさまやすやすと言語の見地に立ってしまって、ウィトゲンシュタインの二人の登場人物のような要求を、まったく馬鹿げた要求とみなしてしまう人もまた多いのですね。そうではないのですよ。彼らが言わんとしていることはまったく正当なんですよ。彼らの要求をわがこととしてとらえて、それをまったく正当なものとみなす見地にいったんは立ったうえでないと、それの何が拒否されねばならないのか、いちばんスリリングなところが、ちっともつかめなくなってしまいます。

前回の講義で書いた図表で言えば、彼らは、最上段の見地にだけ徹して、累進的な読み方を否定しているわけです。相手にも「私」を認めることは、累進的な読みを認めることですが、さらに進んで「私」という語の一般的成立を認めることは、今度は累進性を逆方向へ超え出て、すべての「私-他者」関係を同じ平面に置いて、一種類の関係に仕立て上げることを意味します。こうして、第一回の講義で導入した「自分」という一般概念ができあがり、「私」は一個の「指標詞」となります。これが「人称化」です。

「時制化」についても、構造上は、まったく同じことが言えます。面倒なので一言で要約してしまえば、こうです。本当の現在でない時にもそれぞれに「現在」としてのとらえ方を認めて、本当の現在もそのとらえ方でとらえる。そのことによって、一個の指標詞としての「現在」という語が成立する、——ということです。実際、第一回の講義での日記の話を思い出してもらえばわかるように、このやり方で伝わらずに漏れてしまうことは原理的に存在しません。一〇日前の私が「今は雨だ」と書いたのを読めば、その日のその時が雨だったことがわかります。現在の私が「今は嵐だ」と書いたのを後の私が読むときも、それとまったく同じことで、後者が現実の今であることなどが、この伝達において問題になる可能性はありえません。この伝達可能性の成立とともに、現実の今の現実性は消されるからです。そういう視点に立つことが一般的な「今(現在)」というとらえ方を成立させているのです。そして、そういう視点に立つことがすなわち言語の視点に立つことなのです。

「私」の場合も同じです。誰かが「私は頭が痛い」と言うのを聞けば、その人が頭が痛いことがわかります。私が「私は歯が痛い」と言うときも、それとまったく同じことで、後者が現実の私であることなどが、この伝達において問題になる可能性はありません。この伝達可能性の成立において、一方が現実の私であるという事実は抹消されるからです。このとき、じつは客観的に存在しているのではないものを無理やり客観的存在の一種に仕立て上げているのですが、このことによって「客観的」の意味そのものが変わってしまうので、そのことが気づかれることはもうなくなります。

　結果として、すべてが並列的に並んだ平板な世界ができあがるので、「今」も「私」も、反省的・再帰的な働きに転じます。宇宙の缶詰の比喩で言えば、もともと裏返されていたものを逆に表返して、他の缶詰と同じ状態に並べてしまうと、裏返されていたときには、世界の中の物を指す、客観的(objective)指示だったはずのことの一部が、自分という個物の内側に向かう反省的・再帰的な指示に変わってしまうからです。すると、「すべての表象に自己意識が伴わねばならない」ことになります。かつては宇宙だったものが一個の缶の中に入って、その缶の中身になってしまうのです。そのことによって、いわゆる意識の私秘性が成立し、しかし同時にまさにそのことによって、他の缶との客観的コミュニケーションが可能になるのです。私が「私は悲しい」と言えば、私＝宇宙が悲しいのではもはやなく、口からその言葉を発している一人の人間が悲しいという心理状態にあるという意味になるので。

　人称化と時制化の根底にあるのは様相化なのですが、いまの問題を「私」と「今」の代わりに「現実」で考えてみると、面白いことがわかります。われわれのこの現実世界の中には、さまざまな虚構世界がありますね？　漫画や小説やテレビドラマや映画の世界です。そういう世界だって、それぞれその世界としては「現実世界」でしょう？　だって、テレビドラマのヒロインが小説を読んでいて、その小説について語れば、小説世界は非現実世界であるのに対してドラマ世界は現実世界であるという対比が成り立ちますから。そこで、その小説の中に登場人物が映画を見るシーンがあったとすれば、さらにその対比は拡張されて、ここにも累進構造が成立するわけです。さて、しかし、虚構世界の場合、ある虚構世界の中に登場するもう一つの虚構世界が最初の現実世界である、などということは起こりません(起こる、というSFはよくありますが)。人称や時制の場合だって、本当は起こらないのではないですか？　人称や時制を使って会話する場合、便宜上、虚構世界の「現実」も対等に「現実」とみなしてあげて、やっていっているだけではないですか？

しかし、前回の講義で出てきた「可能世界」の場合には、形式上、それが起こるのです。つまり、ある可能世界から、その世界を「現実世界」とみなした場合の可能世界の一つとして、この現実世界が指示され言及される、ということがありうるのです。

つまり――、

現実的
可能的
現実的
可能的
現実的
可能的
（……以下同様にどこまでも続く）

という系列で、最上段の右の現実は、下段のどこにでも登場できる「現実」となるわけです。そして、この構造こそが言語の可能性の条件で、人称や時制においては、それがあたりまえになっているわけです。したがって、この言語の可能性の条件はまた、われわれが理解している意味での客観的世界の成立の条件でもあるわけです。

　このように複数の缶詰が単に並列されるようになると、すべての缶詰にとって共通の外側というものがあることになりますね。いま述べてきたような生成のプロセスを考えると、元来そんなものはなかったわけですが、われわれはいま、誰でも、大雑把にいえば、そういう共通の外界がまずあって、そのほかに各人にはそれぞれ心の中とか内面といったものがある、という世界像を持っていますね。実際、世界はそんなふうになってはいませんから、これは端的な事実に反する、魔訶不思議な世界像なのですが、これを認めるとなるとどうしても、缶詰は何らかの仕方で開いていて、各々の意識は何らかの仕方で客観的世界に向かっている――あるいは缶の中の意識は客観的世界を表象している――のでなければならないことになります。そこに登場するのが、志向性という考え方です。

知覚経験はいかにして志向的となるか

志向性というのは哲学ではお馴染みの概念なのですが、なんとなく腑に落ちないところがあります。それは、相矛盾した二つの主張がそこに込められているような感じがするからです。志向性の対象(すなわち表象されているもの)は心の中にあるということと、心の外にとどいているということが、一緒に主張されているような感じがするのです。ちょっとだけ、そのことについて考えてみましょう。

心は世界のあり方を表象する能力を持っているわけですが、代表的なものはもちろん知覚ですね。そのほかに、過去に向かう記憶や想起、未来に向かう予期や願望、さらに意図や信念や恐怖や探索なども、みな世界を表象します。つまり、志向的な意識です。さて、それらは何に向かっているのでしょうか？

ときとして、こういうことが言われます。黄金の山を探している人がいるとします。が、もちろんそんなものは実在しません。ということは、彼が探し求めているものは、心の中にあることになるのか？　いや、そうではないでしょう。心の中の黄金の山ならすでにあるわけで、彼が探し求めているのは、あくまでも実在する黄金の山そのものだ、と言われるわけです。と言われても、やっぱり、その黄金の山は実在しないんだから、探し求められているのは、やはり、彼が実在すると思っている黄金の山(「実在する黄金の山」という表象)にすぎないのではないか、という疑問が去らないでしょう。これは、前回の講義のときにお話しした、神の存在論的証明で問題になる「「実在する神」という概念」と同じことです。ということはつまり、あのとき問題にした「「現象的な意識」という心理的な概念」とも同じことになりますね。向かっている方向は、三者三様で、それぞれ違う方向ですけど。

知覚や想起の場面でも同じことで、いま述べられているような意味では、われわれはつねに必ず「実在する」ものを知覚し、実在した出来事を想起しますよね。とはいえ、もちろんじつは錯覚だったり記憶違いだったりすることはあるわけで、それが実在しなかったことが、後から別の観点からわかることがある。というか、もしわかるとすれば、必ず後からか、別の観点から(たいていは他者の観点から)か、ですよね。

もういちど缶を裏返して、宇宙全体を缶詰にしてしまえば、錯覚や記憶違いなんてなくなるでしょう。見ている木の葉は、もちろん実在するしかありません。ただし、その場合には、見ている人は、決して「彼」ではない「私」でなければなりませんが。そうすると、見えているものがじつは実在しない、などという外部の観点が持ち込まれる余地がなくなるわけです。とはいえ、缶を表返して、私が一人の「彼」となれば、私の志向性は再び、客観的な(間主観的な)対象や事態に向かう面と、私という一人物に内在する私秘的な面とに、二重化されることになるでしょう。

ところで、知覚は世界を表象すると言っても、風景画が世界を表象しているのとは表象の仕方が違います。まず、風景画の場合なら、風景そのものと絵に描かれた風景とを見比べることができますが、知覚ではそれができません。だから、風景画と違って、知覚が世界の表象であることは確かめようがありません。それはなぜかと言えば、最も根本的な話をすれば、絵は世界を表象しているのではなくて、知覚された風景を表象しているのであって、その知覚そのものは、それ自体としては、そもそも何かを表象するようなものではないからです。表象が成立するためには、何かそれ自体とは別のものがrepresentされて、写されていなければならないわけですが、知覚においては、そのreが成立する余地がない。そもそも項が二つないので、何かを写すということが成り立たない。知覚経験は、ただいきなりpresentされるしかないわけです。

それにまた、風景画の場合なら、見方を変えて、描かれている風景ではなく素材である絵の具の塗られ方に着目するということができますが、知覚の場合は、風景表象を成立させている心的素材の配置そのものに着目して、それを見るということもできません。つねに心的素材を突き抜けて、風景そのものが知覚されてしまっているからです。そうすると、風景画の場合には、絵の素材と、風景の表象としての絵と、表象されている風景、という三層構造が成り立っているのに、知覚は一層構造にしかなっていない、ということになりますね。

ところが、このとき缶がまた表返されて、他の缶と並置された、内側に心の中があるようなものに仕立て上げられると、あたかも知覚経験にも三層構造があるかのような見方ができることになります。まず、外部に客観的な世界そのものがあって、何らかの心的素材を使ったそれの写しが別にある、というとらえ方が可能になります。そうすると、それぞれの缶の中にある、世界を表象するための素材そのものは、外からは見えませんから、じつは逆転しているかもしれないとかなんとか、そういうような問題も起こりうることになるわけです。

ここから派生する議論として、よくこういう議論がなされます。たとえば外界の木の葉の緑色を見ているとき、心的素材としての緑を見ていると言えるのか、というような問題です。そうだ、という側は、そのとき見られているのは、心的で私秘的なものだと言うのですが、志向性を擁護する側はこれに反論して、いや見られているのはあくまでも志向対象としての――つまり「外界の」(と思われている)――木の葉の緑なのであって、そうでない体験としての私秘的な緑なんかそもそも見ることはできないのだ、と言います。つまり、われわれは志向対象の特徴を意識することはできるけれど、それを作り出している自分の体験の内在的特徴を意識することはできないのだ、というわけです。これに対して、こういう反論が可能でしょう。そもそも体験の内在的特徴として、そこで意識する必要などないのだ、たとえば外界の木の葉の緑として、志向対象の特徴として体験されることが、すなわち体験の内在的特徴なのである、と。これに対して、志向性派は、志向対象に内在的な性質と体験そのものに内在的な性質は区別されねばならない、と主張するでしょう。

私は、こう茶々を入れてみたくなります。志向対象に内在的な性質も、体験そのものに内在的な性質も、いずれにしても、そのようなものとして体験されるものにすぎないのでしょう？　そう主張するのがむしろ志向性説の特徴でしょう？　しかし、体験の内観にすぎないのに、他人にも「志向対象に内在的な性質」と「体験そのものに内在的な性質」の区別があることを、あなたはどうして知っているのですか？　その区別は、じつは三層構造から構成された作り物だからなんじゃないですか？

意識が本質的に志向的であるなら、ゾンビは不可能になります。チャーマーズが「機能的」とか「心理的」とか言っていたものは、この文脈では「志向的」と置き換えられてもいいわけです。したがって当然、私は、反志向性の立場とは違って、一般に人間の知覚に非志向的な要素があるという説は認めませんが、そう錯認する根拠になっている事態の存在はもちろん認める立場です。それはあくまでも、これまでしつこく説明してきたような意味での自他の非対称性と累進構造であって、知覚(という一種類のもの)の内部構造にはじつは関係ないのです。

そもそもの話をすれば、私の知覚に志向性はない。缶詰は裏返しなので「外界」を表象する必要がないからです。缶詰が裏返しでも、それでもやっぱり、世界と私は独立ではないか、と言われるかもしれません。そうも言えますが、しかし、見えた物がさわれなかったとしても、それは錯覚でも幻覚でもなく、単に見えるけどさわれない物があるだけではないでしょうか。外界に認知とは独立の物があって、自分がそれをときに見誤るとか、過去に記憶とは独立の事態があって、自分がそれをときに記憶違いするとか、そんな想定をする必要はないでしょう。つまり、どうしても志向性を想定しなければならない必要はまだないのです。（意図や予期や願望のような未来志向的な態度の場合には、他者の介在なしに志向と客観的現実が区別できるように思われるかもしれませんが、しかしその客観的現実とはすなわち知覚経験でしょう。）

それに対して、他人の知覚報告は最初からすべて志向的です。そして、私自身だって、他者とともに生きて、他者と知覚をすり合わせる必要がある場合には、否応なしに志向的構造を認めざるをえない。たとえば、「緑色の木の葉を取ってこい」と命令したり、命令に従ったりする場合を考えてみましょう。そういう場合、木の葉の緑色は、もちろん木の葉というものが持つ色として体験されていますね。かりに色の見え方に人による違いがあるとしても、いや、そうだとすればなおさら、木の方向とか「木の葉」という把握の仕方は共有されていなければならない。つまり、非志向的な質的体験が成立するための枠組みは共有されていなければならない。つまり、「公園の真ん中にある高い木の葉っぱ」の「色」に注意を向けたとき、まさにそのことによって、私はもう体験の内在的な質には注意を向けることはできない。これは決して内観によってわかるような意識事実の問題ではなく、構造上の必然なのです。

だから、私が自分の知覚を言語報告する場合も、私は自分を他者化して、全面的に志向的にならざるをえない。前回の講義のときの言い方で言えば、ゾンビ化して、ということになります。だからといって、私の知覚は言語報告できる要素だけでできているわけではない。――と、私は言いたいけれど、もちろんそれは言えはしない、という点もあれと同じです。そして、いま私が言おうとしたのと同じことを、当然、他者も主張していいのですが、それらは、またしても、どこまでも「「非志向的な意識」という志向的な意識」となっていってしまうわけです。つまりここでも、ウィトゲンシュタインの議論のときに見た、自分の胸をたたいてみせるような人物が登場して、ウィトゲンシュタインの問題がまたしても反復されることになるわけです。

他者と知覚をすり合わせる場合に缶は表返されると言いましたが、しかし「公園の真ん中にある高い木の、緑色の葉っぱを取ってこい」というような命令に従ったりしているだけなら、缶は表返される必要はない。本当にその必要が生じるのは、他の人々が緑だと言うものが自分には緑に見えない場合とか、他の人々が熱いと言うものが冷たく感じられる場合とか、他の人々が……、といった場合でしょう。しかし、決定的に表返されるのは、他者たちとの単なる相互の食い違いを超えて、外部の世界そのものに割り当てられる客観的事実というものが成立し、自分がその客観的事実と食い違う信念を持っていたことを自覚する、ということが可能になったときでしょう。つまり、単に他者と食い違うだけではなく、見間違いや記憶違いを、すなわち偽なる知覚や偽なる記憶を、自覚することが可能になったときです。しかしこのことは、非志向的な体験が成立するための枠組みが共有されたときに、木の方向とか「あの公園の中央にある木の葉っぱ」の色というような把握の仕方が共有されたときに、すでに実現されていたはずではないでしょうか？

見間違いや記憶違い、あるいはさらに錯覚や幻覚や妄想の可能性が認められることによって、すなわち表象することの失敗が、つまり表象の真偽が認められることによって、知覚ははじめて世界を表象するものとなり、「絵」と同型の志向構造を獲得します。このことは、見たものは見たとおりにあったはずであるという前提の成立と表裏の関係にあるでしょう。「見たとおりに」とはつまり「見なくても」ということなのです。といっても、風景画が最初から世界を表象しているというのは、以上の過程をへて成立した世界表象の考え方を「絵」に転写するからであって、決してその逆ではありません。つまり、見間違いと並行的に、偽なる風景画がありうるからこそ、絵は世界を表象しているとみなされるわけです。その意味で、絵はすでにして言語です。「絵が何かの絵であることがどうしてわかるのか」という問いに対する答えは、それしかありえないでしょう。それは決して実物と似ているからではない。それだけなら、似ているか似ていないかは観点の取り方によってどこまでも不安定なままでしょう。

同様に、知覚も知覚されるものと似ているのではなく、「同じ」なのです。異なる人々が同じ物に対して持つ諸表象も相互に似ている必要はない。そうではなく、「同じ」でなければならない。だから、ここに非志向的要素が関与する可能性はありえません。前にも言ったように、右足に感じている痛みと左足に感じている痛みなら、似ていたり似ていなかったりすることが可能です(だからクオリアの逆転も現実に可能な事態なのでした)。過去に感じた痛みといま感じる痛みでも、過去の別の時に感じた痛みどうしだって、類似性を問題にすることができます。しかし、過去に感じた痛みといま思い出すその痛みとは、どんなにクオリアを伴っていても、ただ「同じ」であるだけです。木の葉の色と知覚されているその木の葉の色も、ただ「同じ」であるだけです。そうでない場合は、見間違いで、ただ「違う」だけです。決して似ていたり似ていなかったりはしません。

というわけで、知覚は、対象を写し、絵のように対象を再現・代理しているという側面と、媒体なしに直接的に対象にとどいているという側面とがあることになります。ひとこと注意しておけば、ここまでの議論で重要な役割を果たしてきた見間違いや記憶違いなどの「誤り」は、懐疑論などの文脈で登場する「夢」のようなものの「誤り」とは根本的に違う構造をしています。というのは、われわれは夢の中でも見間違いや誤認が起こりうる志向的経験をしており、「夢」はその全体を偽なる経験というよりはむしろ非現実的世界として位置づけ直すものだからです。夢は知覚の誤りではないのです。それは、現象と実物の区別がすでにあって、すでに真偽の区別が成り立っている、志向的な世界経験の全体が、まるごと偽なる表象であったという、いわばメタ誤認なのです。だからこそ人生全体がまるごと夢である可能性すら考えられるわけです。ということは、自分が悪霊に欺かれているのかも、とか、培養液の中の脳なのかも、とかいった話は、メタメタ誤認になりますね。悪霊が欺いて作り出す世界の中でも、培養脳が勝手に作り出す世界の中でも、われわれは夢を見るでしょうから。

志向性と内包をつなぐもの

志向性という概念は、しばしば内包という概念との関係が問題にされるのですが、以上のようにとらえられた志向性は、内包性とどう関係しているでしょうか。そのことをちょっと考えてみましょう。

ある文脈が内包的であると言われるのは、それが外延的でない場合です。では外延的文脈とは何かと言えば、それは、同じものを指している表現を置き換えても真偽が変わらない文脈です。私は永井均ですが、同時に二〇〇七年に千葉大学から日本大学に移籍した哲学者でもあります。二〇〇七年に千葉大学から日本大学に移籍した哲学者は私一人しかいませんから、それは永井均と同じ対象を指します。その対象について「永井均」で指して述べていることが真であるならば、その名前を「二〇〇七年に千葉大学から日本大学に移籍した哲学者」で置き換えて述べられたことも、真であるはずです。それが外延的文脈です。同じ対象を指す語で置き換えることでは、文の真

偽を変えることはできない、ということです。ところで、私は『西田幾多郎』という本を書いています。したがって、

永井均は『西田幾多郎』を書いた。

という真なる言明の「永井均」を置き換えて、

二〇〇七年に千葉大学から日本大学に移籍した哲学者は『西田幾多郎』を書いた。

にすることによって、真から偽に変えることはできません。また、

永井均は『善の研究』を書いた。

のような偽なる言明を、「永井均」を「二〇〇七年に千葉大学から日本大学に移籍した哲学者」に置き換えることによって、真なる言明に変えることもできません。その

理由はきわめて単純で、異なる二つの名前で指されているのは、同一人物だからです。
　これは、まったくあたりまえのことのように見えますが、これが妥当しない場合があります。それが内包的文脈です。たとえば、Ｉという人がいて、彼は永井均が『西田幾多郎』を書いたとは思っているけど、永井均が二〇〇七年に千葉大学から日本大学に移籍した哲学者であることを知らない、としましょう。すると、

　Ｉは永井均が『西田幾多郎』を書いたと思っている。

は真であるけれども、

　Ｉは二〇〇七年に千葉大学から日本大学に移籍した哲学者が『西田幾多郎』を書いたと思っている。

は偽である、ということになります。同じものを指している表現を入れ替えただけなのに、真偽が変わってしまうことがありうるわけです。どうして、そんなことがあり

うるのでしょうか。そして、この内包性は志向性とどういう関係があるのでしょうか。

この例では、内包性を示す例は「Ｉは……と思っている」という志向性を示す文でした。志向性がある場合、志向対象は表象(つまり実在の対象の再現・代理)として意識に内在化されるので、その文が真であるかどうかは、外界の永井均が実際にどうであるかによってではなく、Ｉが永井をどのようにとらえているかによって、規定されるのです。つまり、永井均という人物そのものではなく、Ｉが表象するかぎりでの、すなわちＩの心に志向的に内在しているかぎりでの、永井均が問題になるわけです。そして、それは二〇〇七年に千葉大学から日本大学に移籍した哲学者ではないわけです。この場合、Ｉが永井が二〇〇七年に千葉大学から日本大学に移籍した哲学者であることを知らないことは、見間違いや記憶違いにあたるわけです。したがって、志向性によって内包的文脈が生じているといえるわけです。

しかし、いつもそうだとはかぎりません。志向性が内包的文脈を構成しない場合もあるし、逆に内包的文脈が志向性を伴わない場合もある、としばしば言われます。

まずは前者。しばしば、志向性を語る文でも内包的ではないことはありうる、と言われます。たとえば、われわれはもうその理由をよく知っているはずですが、知覚経験を語る文がそれです。Ｉが永井均を見ているのならば、彼がそう思っていようといまいと、彼は二〇〇七年に千葉大学から日本大学に移籍した哲学者を見ている、と言えるからです(そして、そのとき、彼が知っていようといまいと、彼は『西田幾多郎』の作者を見ていることになります)。知覚は、媒体なしに直接的に対象にとどいているからです。

もちろんこの場合だって、Ｉが見ているのはあくまでも永井均であって、二〇〇七年に千葉大学から日本大学に移籍した哲学者ではない、と言える文脈はありえますよ。彼の知覚が直接的にとどいている対象は、それにもかかわらず、あくまでも永井均としてだけ表象(再現・代理)されていて、二〇〇七年に千葉大学から日本大学に移籍した哲学者としては表象されていないからです。これに対して、たとえば雷は対象を表象しないので、もし雷が永井均を直撃したなら、そのとき雷は必ず二〇〇七年に千葉大学から日本大学に移籍した哲学者も直撃します。雷は何も狙っていないので志向性を欠き、したがってまた内包も持ちえないからです。だから雷は誤爆するということができません。こういう完全な外延的関係に比べると、志向的関係は知覚であっても必ず内包的解釈をゆるすわけです。

次に後者。内包的ではあるけれども志向的ではない場合の方はどうでしょうか。代表的なのは、様相的文脈の場合です。つまり、可能性とか必然性を含む文です。永井均は二〇〇七年に千葉大学から日本大学に移籍した哲学者なので、「二〇〇七年に千葉大学から日本大学に移籍した哲学者は必然的に千葉大学に在籍していた」という真なる言明の「二〇〇七年に千葉大学から日本大学に移籍した哲学者」を「永井均」に置き換えて、「永井均は必然的に千葉大学に在籍していた」という文を作るとします。しかし、この文は偽です。なぜなら、永井均が千葉大学に在籍していたことは必然的ではないからです。ということは、「永井均」と「二〇〇七年に千葉大学から日本大学に移籍した哲学者」という、現実には同じである対象を指す表現を置き換えただけで、文全体の真偽を変えてしまえるわけです。しかし、そうなる理由は、明らかに志向性の問題とは無関係でしょう。

様相問題を志向性問題と対比してみましょう。永井が二〇〇七年に千葉大学から日本大学に移籍したのは、もちろん現実世界でのことにすぎません。だから、それをあらゆる可能世界に拡張することはできないのです。しかしまた、それをⅠの表象世界に拡張することもできません。ある可能世界においても、Ⅰの表象世界においても、永井は二〇〇七年に千葉大学から日本大学に移籍してはいないからです。前者が様相問題で、後者が志向性問題でした。

ところでしかし、表象世界もまた一個の可能世界ではないでしょうか。一般に、見間違いや記憶違いの表象内容も、一つの可能世界であるとみなすことができるでしょう。それは間違いではない正しい知覚や記憶もじつはそうとらえられているからではないでしょうか。志向性は様相構造を孕んでいざるをえないのです。つまり、雷は世界を様相的にとらえることができないわけです。さきほどの議論で、見間違いや錯覚がありうることを認めることによって正しい知覚にも志向性があることを認めたとき、われわれは知覚における現実世界を可能世界の一つとしてとらえたわけです。複数の缶詰が並列し、そこから開かれるわれわれの公共的世界はそのようなあり方をせざるをえないので、われわれの言語はそのような構造を組み込んで出来上がっているのです。

このことは単純に、「この石は小さい」と言うだけでも、それが大きい可能性を前提にしていることから、明らかでしょう。実際に小さくなくても、この表現が使えますし、逆に実際に小さくても、かりに大きいほうを現実とみなして、そこから小さい可能性を考えることもできます。実際にそうであろうとなかろうと同じ言語表現が使えるのですよ。凄いことだと思いませんか？　そしてもちろん、われわれは「自分」にかんしてもこの石と同じように取り扱えるし、そうせざるをえない。自分を表返された缶詰の一つとしてとらえた以上、そのような志向‐様相構造の一部に組み込まれざるをえないからです。人称は様相の一種だからです。

とはいえ、この場合の可能性は、あくまでも第一次内包に基づくものでしょう。第二次内包に基づくとすれば、不可能なことも志向できるので、志向性世界は不可能世界になってしまうからです。たとえば、香山リカは『えんじぇる』という小説を書いているのですが、香山リカの本名は中塚尚子なので、中塚尚子も『えんじぇる』を書いていることになります。香山リカが『えんじぇる』を書いていて、中塚尚子が『えんじぇる』を書いていない世界は、不可能な世界です。しかし、そう信じたり、そう願ったり、そう記憶していたりすることは、じゅうぶん可能です。これは、水は必然的にH_2Oであっても、水はH_2Oでないと信じたり、願ったりできるのと同じことです。したがって、永井が二〇〇七年に千葉大学から日本大学に移籍したという現実世界の事実から出発して、それを表象世界に拡張できないと論じた先ほど（一六四頁）の議論は、正確ではなかったことになります。志向性の場合、拡張できなさの方向は逆向きに考えなければならないからです。

永井均とは二〇〇七年に千葉大学から日本大学に移籍した哲学者であるという現実が、Iの志向性においても、ある可能世界においても、否定されているということは、「痛み」は転んで膝を打って呻いたときに膝に感じるものである、という現実世界のアプリオリな規定が、その後、第一の逆襲によっても、第二の逆襲によっても、否定されるのと並行的な現象なのです。永井にかんする現実の事実が、Iの志向性においても、可能世界においても、否定されうるのと同様に、痛みは、第一の逆襲によって、アプリオリな脈絡から離脱可能な現象的な質を獲得し、第二の逆襲によって、アプリオリな脈絡から独立した必然的な規定を得るわけです。いま「痛み」について述べたことは、水が透明な飲めるあの液体であることや、熱が火に手を近づけたときに思わず手を遠ざけるときに感じるあの感じであることや、赤がトマトや夕焼けや血の色であることや、……にかんしてまったく同様にいえます。

そしてもちろん、この議論においても、「現実世界」は、端的なこの現実世界ではなく、可能的な現実世界であることができます。それは、Iと名づけられた人物が端的な私ではなく、はじめから可能的な私でしかなかったのと並行的な現象なのです。様相と人称の累進構造は同型です。だから、「現実世界」もまた、一つだけ真ん中で表と裏が逆になった缶詰のように考えることができるのです。もちろん、それをふつうに表返して、他の諸世界と並べることができるようになったとき、様相という文法装置が成立するわけです。他の「私」たちと並べることができるようになったとき、人称が成立するのと同様です。

なぜ意識は志向的であらざるをえないのか、という問いに対する究極の答えは、なぜ世界は様相的であらざるをえないか、という問いに対する答えと共通でしょう。共通でない独立の答えは、「われわれがゾンビだからだ」とでもなるでしょうけれど……。

「私」の第〇次内包へ

ところで、自分を表返された缶詰の一つとしてとらえた以上、私自身もまたそのような志向‐様相構造の一部に組み込まれるはずだと言いましたが、これはつまり、さっき「痛み」について述べたことは、「水」や「熱」や「赤」についてだけではなく、

「私」についてもいえる、ということです。

「私」にかんしても、その語の働きから話を始める以上、出発点は第一次内包です。第〇次内包と第二次内包は後から発見されます。痛みの第一次内包が、現実世界の探究の成果として、第二次内包である神経線維の興奮を選び出すように、「私」の第一次内包は、現実世界の探究の成果として、ある人物を選び出します。ただし、もちろんその人物が誰であるかは、その語を使っている人ごとに異なります。こういう場合、第一次内包はカプランの用語を使って character と呼んだ方がいいかもしれません。その場合に、第二次内包は content と呼ばれます。そして、第二次内包としてもし永井均が選び出されたら、私はあらゆる可能世界において永井均を指示することになります。私が永井均でない可能性は存在しません。「私」は永井均の自己反省する意識となるのです。

ところで、「痛み」の第一次内包は、それに先行して、第〇次内包として、「あの」感覚を選び出していました。それは、人ごとに異なるかどうかを問題にすることさえできない種類の私秘的なものでした。それと同様に、「私」の第一次内包も、第〇次内包として、ある独特の「これ」を選び出しています。その「これ」は、人ごとに異なるかどうかを問題にすることさえできない種類の私秘的なものであるのではなく、人ごとに異なるかどうかを問題にすることさえできない種類の私秘性を作り出す基になっているものです。

基になっているのはもちろん独在性であり、独在する私です。第二回のときの質問に答えて言ったように、これはもはや第〇次内包ではなく、無内包の現実性です。第〇次内包は、〇次ですから言葉では表現できないとはいえ、それでもある内容、つまり中身があって、その違いによって識別されているわけです。それに対して、たくさんいる人間の中でどれが私であるかという問題の場合、内容の違いによってこれが私だと識別されているのではありません。かくかくしかじかの身体的特徴、かくかくしかじかの記憶、かくかくしかじかの性格、かくかくしかじかのトラウマをもっているから、そいつが私なのではありません。現実にその目から世界が見える生き物が一匹しか存在しないから、それが私なのです。

それなら、その目から世界が見えるということが識別的特徴ではないか、と思われるかもしれませんが、そうではありません。なぜなら、目の見えない人以外のすべての人が、その目から世界が見えるからです。では、そういうすべての人の中から、私は私をどうやって識別しているのでしょうか。それは現実にその目から世界が見えるということによってです。つまり、内包によってではなく様相によって識別しているのです。私であることを成り立たせるような識別的特徴(内包)はありませんから。

人ごとに異なるかどうかを問題にすることさえできないような意識の私秘性が、なぜ一般的に(つまり他者相互のあいだにも)成立するのかといえば、それはこういうことでしょう。無内包の〈私〉に達したとき、もはや現実にはそれしか存在しませんから、缶は裏返されて、他のすべてはその缶の中に入ってしまって、対等の地平に立った比較などということはもちろん成り立たなくなるわけですが、第二回のときの質問への答えで言ったように、内包の差異に拠らないこのまったく特別な種類の様相的な断絶を他者相互にもあてはめて、そこに累進構造を成立させるというアクロバティックな作業が成功したとき、他者相互のあいだにも対等の地平に立った比較などありえない(人ごとに異なるかどうかを問題にすることさえできない)意識の私秘性というものが成立するのです。意識の私秘性とは、何か認識論的な壁があるがゆえの私秘性なのではなく、存在論的に並列不可能であるがゆえの私秘性なのです。

とはいえもちろん、何度も言ってきたことですが、累進構造を平準化して、最上段に立つ「私」もその他の「私」と同列に置いて、というよりも、そもそも階層をなくしてしまえば、缶はふつうに表返しになって、あたかも何らかの手段で覗けば覗けるような内面が、つまり「意識」という存在者が、成立します。そういう状態が成立するためには、いったんは第二次内包である特定の人物に到達したうえで、その再帰的・反省的把握として、最初の無内包の「私」が捉え直されねばなりません。

無内包の「私」は、いまは言語から話を始めているので、後から発見されることになったのですが、事柄それ自体としては、それがすべての出発点で、そもそもそれ以外のすべてはそれにおいてしか存在しないので、習い覚えたその言語の全体も、その内部にしかありえません。ですから、この場合の第二次内包の発見は、そのような比類なき唯一のものを世界の中の一個物に同定する驚天動地の画期的な出来事なのです。これまた何度も言ってきたことの繰り返しになりますが、その画期的な出来事は、すべての人において成立しているような、一般的な事柄なのではなく、事実としては、なぜか、ただ私においてのみ成立しており、私はただ、他者にもその同じプロセスを——いわば裏表を逆にして——付与しているにすぎないのです。なぜなら、そのような付与ができることによってこそ、逆にまた、私は私自身を一個人と同定することができるからです。当然のことながら、私は単なる一個人なんかにはなりえませんし、逆に、他者は単なる一個人以上の、私でもありうるもの、なんかにはなりえません。この事実自体は決して乗り越えられません。が、しかし、その同じことを誰でも言いうる、ということによって、この構造は乗り越えられたとみなされるのです（もちろん、これは言語が見せる夢です）。

無内包の「私」をもし記述するとすれば、「事実として、なぜか、そいつの目から世界が見える唯一のもの」とか、「事実として、なぜか、そいつの体を殴られると本当に痛い唯一のもの」とか、「事実として、なぜか、その体を自由に動かせる唯一のもの」とか、そういう言い方がありえます。しかし、じつはすべての人がこの捉え方で自分を捉えています。それ以外の捉え方はありえないでしょう。それらのなかからさらにこの私を識別するにはどうしたらよいでしょうか。すべてに「この」をつけて、「……この唯一のもの」としなければなりませんが、その「この」は外部から「その」として指し返されることのない「この」です。しかし、もちろんすべての人がそうするでしょう。無内包の現実の〈私〉は、言葉よりも手前にあるので、そもそも言葉で語られることとそりが合わないのです。

その意味では、「この」の後に何らかの記述をつけるのを諦めた「これ」が、最もふさわしい表現です。「それ」として指し返されることのない「これ」です。「見える」ことも、「痛い」ことも、「動かせる」ことも、それらの表現があてはまる他の事例というものはもうないわけですから、それらに「この」をつける意味はありません。むしろ逆に「この」だけで、後に続く記述は何でもいいのです。実際にはむしろ、「これ」である、と言っているだけです。

私は、言葉の正しい意味では、じつは、「見て」いないかもしれないし、「痛く」ないかもしれないし、「動かせ」ていないかもしれない。外部からゾンビであると認定されてもかまわない。それでも〈これ〉は間違いなく存在しており、じつを言えば、〈これ〉しか存在していない。この究極のデカルト的覚醒においては、もう本当は、「見える」や「痛い」や「動かせる」といった言葉の意味は、実質的には働いていないのです。

さきほど、「私」はあらゆる可能世界において永井均を指すことになる、と言いましたが、それはつまり、永井がこの意味での〈これ〉でなくても、ということです。「私」は永井という人物のもつ反省的指示表現へと転化することになるのです。

最初、熱とは熱く感じられるもののことでした。それがじつは分子運動であることが判明します。そうすると、熱なのに熱くなかったり、熱でないのに熱かったりすることが可能になるのでした。このお話の筋道はとても大切です。しかし、出発点の感じられる「熱さ」とはそもそも何でしょうか？　第一次内包と第〇次内包の、二種類の「熱さ」があるはずです。

ところでチャーマーズは、第一次内包にかんして、必然的ではないにしてもアプリオリではあるのだから、それは、世界がじつはどうなっているかという、探究した結果わかることとは独立に意味が確定している、と言っていましたね。だから、「必然‐偶然」関係を認識論的段階に引き戻して、「アプリオリ‐アポステリオリ」関係に重ねることが可能なのだ、と。つまり、熱が熱く感じられるものであることを現実世界の事実と見て、その現実がじつはどうであると判明するかを可能世界と見る、という見方ができるわけです。そうすると、熱く感じられる熱の本質が分子運動ではなく熱素である可能性について考えることができることになります。すると、「熱とは熱く感じられるあれのことである」が、アプリオリで必然的な真理になります。ここで、この議論を、第一次内包にかんするものではなく、第〇次内包にかんするものだと解釈してみましょう。実際、用語は違っていますが、チャーマーズだって実質的にはそう考えているのでしょうから。

この議論には、現実世界のあり方が実際にどう判明したかは関係ありません。どう判明しようと、それはたまたま世界がそうなっていたというだけのことですから、ア、ポ、ス、テ、リ、オ、リ、で、偶、然、的、な真理です。つまり、熱が分子運動であるのは、アポステリオリで偶然的な真理なのです。この考え方を採用すると、もし現実に「あの」熱さの感じが分子運動ではなく熱素であることが判明したら、熱さは、その現実世界では熱素なのだから、その現実世界(可能的な現実世界)から見たあらゆる可能世界で熱素を指すことになります。私がウサイン・ボルトであることが判明したら、私は、その現実世界ではウサイン・ボルトなのだから、その現実世界(可能的な現実世界)から見たあらゆる可能世界でウサイン・ボルトを指すことになります。

ところで、無内包の現実性としての私は、その目から現実に世界が見え、その体を殴られると本当に痛く感じられ、その体を自由に動かせるものだ、とさえいえない、単なる〈これ〉なのでした。しかし、その〈これ〉は、世界を探究してみると、不思議なことに、その世界の中で、永井均という人間と一致することがわかります。これは真に驚くべき、文字通り世界が引っくり返るような出来事です。しかし、今度の考え方によれば、それはアポステリオリで偶然的な真理であるにすぎません。私は、あらゆる可能世界で永井均であるわけではないことになります。私が別の人であることは可能な事態であることになります。熱が熱素でありえ、水がXYZでありうるように、私はウサイン・ボルトであることがありうる。それはつまり、世界を探究してみると、〈これ〉が、その世界の中でウサイン・ボルトと呼ばれているジャマイカ人と一致することがわかった、ということです。もう少し妥協的な言い方で言うなら、その目から現実に世界が見え、その体を殴られると本当に痛く感じられ、その体を自由に動かせる唯一の物体が、なぜかウサイン・ボルトという名で呼ばれているジャマイカ人であった、ということです。これは真に驚くべき、文字通り世界が引っくり返るような出来事です。私が世界最速の男だから驚くべき出来事なのではありませんよ。なぜか私という唯一例外的なものが存在し、しかもそれが世界の中に無数に存在している通常の「意識を持つ個物」の一つでもあるから、このありふれた事実こそが驚くべき事件なのですよ。(私にはちょっと信じがたいことなのですが、このことの哲学的意味が本当にわからず、滅多にないような珍しいことが起こることが問題であると誤解する人々が実際にいるので、ひとこと。）

しかし、私が客観的世界の中で何であると判明するかとは独立に、私とはその目から現実に世界が見え、その体を殴られると本当に痛く感じられ、その体を自由に動かせる……唯一のものなのですから、いやむしろ、私とはつねにただ〈これ〉なのですから、この無内包の現実性は、どこまでもそのまま、アプリオリで必然的な真理であり続けます。その正体がどう判明しようと、そう判明する当のものは、依然としてその正体とは独立にとらえられるものとして、いつまでも残り続けるわけです。熱や痛みが〈あれ〉であり続けるのと同じことです。

これは難しい議論でもなんでもなく、むしろ、事柄それ自体としては、まったくあたりまえのことにすぎないのではないでしょうか？　例の累進構造の議論を付け加えさえすれば、これは誰でも認めるはずの、まったく自明のことを言っているだけだといえるはずです。ときたま、この議論に反対する人がいるのですが、私は率直に言って、このことに反対するということの意味が理解できないのです。むしろ、賛同した後の解釈の違いこそが本当の問題だと思うのですが……。

最後に、もう繰り返すまでもないことだとは思いますが、文字通りの蛇足をひとこと。この問題は、他者に本当に意識があるかどうかわからない、といった問題とは独立です。他者の意識はふつうの意味でちゃんとあってかまわないのです。そして、他者の意識にかんする懐疑論は、この問題を前提にして立てられます。なぜなら、意識とは最初からまさにこの問題構造からの派生態だからです。ところが、そうすると、ほとんどすべての哲学者がその懐疑論的議論のほうに目を奪われてしまって、もとになっている問題のほうを見失ってしまうんですね。懐疑論は問題の問題性をわかりやすく提示するための漫画的な誇張にすぎないので、そこに問題の本質があるのではないのです。

質疑応答

――缶詰の比喩だと、もともと〈内＝外〉だったのを、自分を閉ざして、内と外に分けるわけるわけですね。しかし、それでも、自分自身だけ考えれば、べつに分かれてはいませんよね。自分も缶をふつうに閉ざして内側を作ると、もともとは単に present していただけの対象が二つに分裂して、内側に入ったほうは外側で present している対象の represent だと解釈されることになるわけですね。

ところで、この話は、外界の対象だけでなく、過去の出来事についても成り立ちますか?

はい。誰から見ても同じ対象が作られるのと同じ仕組みで、どの時点から見ても同じ出来事が作られますから。どちらの場合も、こちら側を相対化することで、向こう側を固定するという点は同じです。

しかし、時間の場合は、内側と外側の対立が固定していないので、話はより複雑になります。時間が進むということは、それ自体がつながりをもって並んでいる缶の列があって、端から順番に一つずつ裏返されていく、ということですよね。もちろん、裏返されて宇宙の缶詰になった状態が現在です。時間論では、前者の、それ自体がつながりをもって並んでいる缶の列のことをB系列と呼んで、後者の、端から順番に一つずつ裏返されていくという変化をA系列と呼んでいますね。この場合も、裏返されて宇宙の缶詰状態になっているときでも、その端的な事実を無視して、どの缶詰も対等に裏返りうるのだとだけみなすのでないと、過去や未来との言語的なつながりが作れない、という点は同じです。この場合、そのことがこちら側を相対化することで向こう側を固定するということになります。とはいえ、缶の裏返り方には時間に独自の規則があって、他の場合とはまったく違いますから、この議論はそんなに簡単ではありません。くわしく知りたい方は、永井均『存在と時間――哲学探究１』（文藝春秋、二〇一六年）の第二部をご覧ください。

――世界に私一人しかいなくても、私は私と世界とを別のものだと捉えるように思います。私は自分の意志でおしっこをしますが、雨は私の意志と無関係に降ってきますから。そうすると、私も世界に対してある仕方で缶を閉ざしますが、世界もある仕方で私に缶を閉ざしませんか？

言語的に対等でない点がまったく違いますが、しかし、もし閉ざしたとみなせば、それは「神」概念の原型とみなせますね。

――裏返されて宇宙の缶詰になった状態が現在で、時間が進むということが並んでいる缶の列が順番に一つずつ裏返されていくことであるなら、そのプロセスを外から眺めて「動く現在」というものを考えることができますよね。ちょうどそれにあたるのが「意識」だということになりませんか?

素晴らしい! そして、「動く現在」などというものが実在しているわけではないのと同じように、「意識」などというものが実在しているわけではない、と言いたいわけですね。その同型性の洞察は素晴らしいです。しかし、細部においてどこが違うかは、やはり先ほど挙げた本を参照していただきたいです。

——前回の講義のとき聞きそびれたのですが、いまの問答を聞いて思い出しました。意識がない人をゾンビと呼ぶとすると、他人はもしかしたらゾンビかもしれないと疑いうるのでしたよね。でも、本当は、問題は逆なのではないでしょうか。生物学的に同じ種類の生き物なのに、なぜか私である人と私でない人(つまり他人)が存在していて、その二種類は驚くほど違っている。同じ種なのに、どうしてこんなにも違うのか、と考えたとき、そうか他人はゾンビなんだ! と考えれば、それで一件落着ですよね。それですべて説明がつきますから。でも、そこでこう疑いうるのではないでしょうか。他人ももしかしたらゾンビではないのではあるまいか。もしかしたらただ他人であるだけなのではあるまいか、と。この懐疑のほうが真に哲学的な懐疑ですよね。じつは本質的な違いは何もないのに、なぜかこんなにも根本的に違う！

おお、またまた素晴らしい！　その本質的な違いは何もないということこそが無内包ということです。そして、それはもはや懐疑ではなく驚《タウマゼイン》きですね。原初の驚《タウマゼイン》きを一般の人にわかりやすく懐疑可能性という形で表現してしまうと、最も重要なポイントが見失われてしまうということが、哲学ではしばしば起こるのです。これを、今回の講義の最後に私が言ったこととつなげて理解していただけると、とても嬉しいです。

――第一回の講義のときに出てきた「私的言語」（三八頁）とは、第〇次内包を語る言語のことだったのですか？

そうです。第一次内包や第二次内包から切り離された第〇次内包を語る言葉です。

それが可能であるのは、第〇次内包にも累進性がある、というか、そもそものはじめから累進性とともに導入されているからです。だからそれは、第一回のときの言い方で言えば、「私」が「当人」になることによって可能になる、とも言えますし、第三回のときの言い方で言えば、裏返された缶詰がふつうの一個の表返された缶詰になって、世界内の一個人の心の中を語る言葉として認められることによって可能になる、とも言えます。そのことによって第〇次内包は、コミュニケーションにおいては第一次内包との補完しあいを必要としますが、自己内では自立的に使える言葉になるのです。私的言語は不可能だと主張する人が多いのですが、本当に不可能な私的言語に達するには累進性そのものを止めなければならないので、むしろ不可能な私的言語に到達する方が大変な仕事なのですよ。この問題についてくわしく知りたい方は、第二回の質疑応答のときに掲げた本の第Ⅳ部を見てください。

――チャーマーズは、たしかこういうことを言っていたと思います。可能世界ではなく、この宇宙の中に、この地球とそっくりな双子地球があるとして、そこにはもちろん水があるのですが、それはH_2OではなくXYZだとします。私は、水がH_2Oである方の地球に住んでいますから、私の言う「水」はH_2Oを指していますが、双子地球に住んでいる私の双子の言う「水」はXYZを指しています。二人とも同じ現実世界に住んでいるのに、私と彼とでは「水」の外延が違うのです。「水」の第一次内包(あるいはcharacter)は、まず私の周辺のあの水を選び出しますが、それは実際にはH_2Oなので、こちらの言語では、「水」の第二次内包(あるいはcontent)はH_2Oということになります。つまり、「水」という語が、「私」や「今」のような自己言及的な語になりうる、というわけです。この議論についてはどう思われますか?

その議論のポイントは、片方が私で片方はそうでない、という対比に隠されていると私は考えます。なぜなら、そのことによって第〇次内包が最上段の無内包の現実性から補給されるからです。単に双子がいるだけなら、「水」が地域に相対的な意味を持つ語になるだけのことでしょう。もし例を「熱」や「痛み」に変えれば、感覚の第〇次内包の方から逆に「私」にいたる可能性がありますが、「水」ではそれはちょっと苦しいですから。

そうすると、二人が出会ったとき、私が「水は……」と言って、それに答えて相手が「そうです、水は……」と言ったとしましょう。そのとき、私は「違いますよ、……なのは水ですよ」と言える(一四二頁参照)。いや、言えないけど、言いたい。そして、そのことには十分な合理性があるのです。なぜなら、ともあれこいつが私で、そいつは私じゃない。なぜだかわからないけど、事実そうなっている。相手にもまったく同じ権利があるというのは、いわばタテマエ上のことにすぎないわけです。しかし、このタテマエを認めないと言語は成立しない、という話はすでにしましたね。そして、この事実から、累進構造のスタートが切られるわけです。相手も言葉のうえでは私とまったく同じことが言えてしまう(だからこそ私が言いたいことは言えなくなる)からです。

ひとこと付け加えるなら、この問題はエゴイズムの問題などとも同型で、最も本質的な問題だと私は思うのですが、どうしてみんなこの問題を考えないで、表面的な問題ばかり考えているのか、とても不思議です。

——累進構造それ自体にも累進構造があることになりますよね?

もちろん、そうです。だからこそ累進するのであって、そうでなければ、現実的な最上段が概念化されて相対化されて、それだけで終わりでしょう。二段階で終わってしまいます。概念的(相対的)なものの内部に、非概念的なものと概念的なものの対立が必ず再び成立する。最上段であるという性質自体が相対化されていくのです。つまり――

- 最上段
- それ以下の段
  - 最上段
  - それ以下の段
    - 最上段
    - それ以下の段
      - (……以下同様にどこまでも続く)

というようにです。

――それは例の「大陸系」の用語を使うと「脱構築」ということと同じですか？

同じことですが、脱構築的であることをはっきりさせるためには、累進の仕方を変えた方がいいですね。たとえば、さっきの「現実的－可能的」の対立で示せば、

現実的
可能的

現実的
可能的

現実的
可能的

（……以下同様にどこまでも続く）

というように。つまり、可能的なものの中に「可能的に現実的な」ものを認めていくというよりは、むしろ、この現実そのものを「可能的に現実的な」ものとみなしていく、というようにです。私と他者の例で言えば、他者もまた私であると認めるというよりは、むしろ、私自身もまた「他者もまた私である」と言える意味での私にすぎない、と認める方向です。繰り返しますが、まさにそのことによって言語が可能になるんですよ。だから、この場合もまた、脱構築なんかより、いったい何が脱構築されねばならないのか、その脱構築されねばならない当のものに到達する方が、はるかに難

しい仕事なんです。独在性は簡単に客観的真理に頽落してしまうので。

――チャーマーズの言いたいことは「言えない」というお話でしたが、だとしたら、この講義が言おうとしていることも、やはり「言えない」ということにはなりませんか？

それはおそらく正しい解釈ですが、その一面です。他面では問題なく誰にでも通じる話でもあったはずです。

現代文庫版あとがき

本書は、双書「哲学塾」の一冊として、二〇〇七年に出版された『なぜ意識は実在しないのか』の全面的な改訂版である。この場合の「全面的」の意味は、あらゆる個所に改訂が及んでいるという意味ではなく、きわめて本質的な点で主張内容に変更がある、という意味である。

事情に精通されている方々は既にご存知のことと思うが、本書はその刊行直後からその主張内容の一部に不備があることが知られていた。したがって、本書の後に刊行された拙著は、すべてある点で本書とは異なる立場に立っている。今回の改訂は、本書の主張内容を現在の立場に合わせるためのものである。

その事情は以下のようなものである。

「哲学塾」版刊行直後から、われわれは上野修氏を代表者とする「〈私〉の言語論的存立構造の哲学的研究」という科研費による研究会を始めた。この成果の一端は、

『〈私〉の哲学　を哲学する』（講談社、二〇一〇年）に収められている。出版は二〇一〇年一〇月だが、これはシンポジウムの記録であり、シンポジウム自体は二〇〇九年三月に開かれた。また、研究集会は、それ以前の二〇〇七年から継続的に行われていた。

研究会のメンバーの一人であった入不二基義氏は、『〈私〉の哲学　を哲学する』に収められている論文「〈私〉とクオリア――マイナス内包・無内包・もう一つのゾンビ――」において、本書にかんして四つの問題点を指摘した。その一つは、本書において「第〇次内包」と規定されているものの一部は「無内包」と規定されねばならない、という点であった。

他の三点はいずれも私の受け入れうるものではなかったが、この点だけは聞いた瞬間から完全に正しいと直観した。しかも、この指摘は、哲学の根幹にかかわる、他の論点とは比較を絶して重要なものでもある。私が「哲学塾」版を執筆中になぜその問題点に気づかなかったのか、聞いた直後から不思議と言うほかはなかった。

入不二氏の指摘がどういうものであるかは、その本の当該箇所（六九～七五頁）を、たった六ページなので直接読んでいただきたい。ともあれ本書では、この提案をほぼ全面的に受け入れ、実質的に無内包が問題になっていた個所ではすべてをそのように書き換えるとともに、それにあわせて記述内容そのものを(先ほど言った意味で)「全面的」に改訂した。

読者の便宜のために、「哲学塾」版との違いが大きいと思われる個所を挙げておく(ただし、すべてがいま述べた「無内包」の問題と直接関係しているわけではない)。もし興味がおありであれば、何が変わったのか(変えざるをえなかったのか)を、対比して検討していただけるとさらに面白いと思う。

「哲学塾」版	本書
六七ページ	七二ページ
八六ページ	九三―九四ページ
一〇四ページ	一一四―一一六ページ
一〇八ページ	一二〇―一二一ページ
一〇九ページ	一二三―一三二ページ
一四四ページ	一七〇―一七一ページ
一四六ページ	一七三ページ

一五二ページ
一五七ページ

一七九—一八三ページ
一八九ページ

本書は二〇〇七年一一月、岩波書店より双書〈哲学塾〉の一冊として刊行された。現代文庫版刊行にあたり、本文に大幅な改訂を施した。

改訂版 なぜ意識は実在しないのか

2016 年 6 月 16 日 第 1 刷発行
2021 年 11 月 25 日 第 3 刷発行

著 者 永《なが》井《い》 均《ひとし》

発行者 坂本政謙

発行所 株式会社 岩波書店
〒101-8002 東京都千代田区一ツ橋 2-5-5

案内 03-5210-4000 営業部 03-5210-4111
https://www.iwanami.co.jp/

印刷・精興社 製本・中永製本

ISBN 978-4-00-600350-0 Printed in Japan

岩波現代文庫創刊二〇年に際して

二一世紀が始まってからすでに二〇年が経とうとしています。この間のグローバル化の急激な進行は世界のあり方を大きく変えました。世界規模で経済や情報の結びつきが強まるとともに、国境を越えた人の移動は日常の光景となり、今やどこに住んでいても、私たちの暮らしは世界中の様々な出来事と無関係ではいられません。しかし、グローバル化の中で否応なくもたらされる「他者」との出会いや交流は、新たな文化や価値観だけではなく、摩擦や衝突、そしてしばしば憎悪までをも生み出しています。グローバル化にともなう副作用は、その恩恵を遥かにこえていると言わざるを得ません。

今私たちに求められているのは、国内、国外にかかわらず、異なる歴史や経験、文化を持つ「他者」と向き合い、よりよい関係を結び直してゆくための想像力、構想力ではないでしょうか。

新世紀の到来を目前にした二〇〇〇年一月に創刊された岩波現代文庫は、この二〇年を通して、哲学や歴史、経済、自然科学から、小説やエッセイ、ルポルタージュにいたるまで幅広いジャンルの書目を刊行してきました。一〇〇〇点を超える書目には、人類が直面してきた様々な課題と、試行錯誤の営みが刻まれています。読書を通した過去の「他者」との出会いから得られる知識や経験は、私たちがよりよい社会を作り上げてゆくために大きな示唆を与えてくれるはずです。

一冊の本が世界を変える大きな力を持つことを信じ、岩波現代文庫はこれからもさらなるラインナップの充実をめざしてゆきます。

（二〇二〇年一月）